Ma vraie personnalité

Dans la même collection aux Éditions de La Martinière

Mon quotient émotionnel, Thomas J. Craughwell, 2013

Mon QI en maths, Thomas J. Craughwell, 2013

Mon quotient intellectuel, Thomas J. Craughwell, 2013

Qui suis-je vraiment ?, Salvatore V. Didato, 2012

Kit mémoire, Dominic O'Brien

Salvatore V. Didato

Ma vraie personnalité

En 40 tests, découvrez votre personnalité

Éditions
de La Martinière

Édition originale :
Première édition en 2003 par Tess Press,
une marque de Black Dog & Leventhal Publishers, Inc.
151 West 19th Street New York, NY 10011

Édition française :

Connectez-vous sur lamartinieregroupe.com
Réalisation : Nord Compo, à Villeneuve-d'Ascq
Traduction : Philippe Lécuyer
ISBN 978-2-7324-5616-4

Sommaire

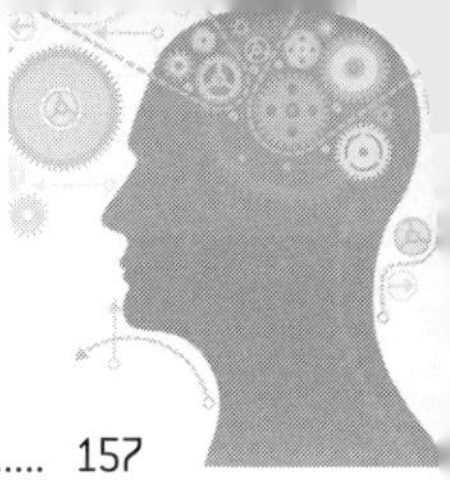

Introduction

BIENVENUE DANS VOTRE QUIZ PERSONNEL ! Avec plus de 3 000 tests en usage aujourd'hui, nous sommes sans aucun doute les créatures terrestres les plus analysées. Nous sommes aussi parmi les plus à l'écoute d'elles-mêmes, jamais fatiguées de mettre à l'épreuve nos capacités, que ce soit à travers un simple jeu de société, de réflexion, d'adresse ou de connaissances.

Mais le sujet qui nous obsède par-dessus tout, celui qui retient toute notre attention, c'est bel et bien nous-mêmes. Tout ce qui peut contribuer à éclairer le fascinant mystère de nos émotions – pourquoi tel sentiment ou tel comportement ? Pourquoi faisons-nous ce que nous ne devrions pas faire et non l'inverse ? – stimule notre plus grand intérêt. Sans relâche, nous nous délectons à l'idée de tenter de comprendre ce qui nous anime.

Et bien que le fameux adage socratique « Connais toi toi-même » conserve toute sa pertinence, le monde dans lequel nous vivons – fiévreux, anti-contemplatif, sujet à toutes les distractions – rend de plus en plus difficile cette connaissance intime. Pourtant, notre désir d'y parvenir ne diminue pas. Nous sommes toujours à l'affût du regard des autres, nous plaçant sans cesse sur le gril des comparaisons, guettant la moindre esquisse d'explication de ce que nous sommes, de ce que nous faisons ou ressentons et, plus important encore, cherchant à entrevoir ce que nous aurions pu devenir si les choses avaient été différentes.

Les tests sont d'excellents compagnons de soirée. Ils fournissent la matière à d'intenses discussions, et peuvent transformer dîners, pique-niques et autres cocktails en terrains de polémiques, brisant même parfois quelques certitudes nourries durant toute une vie.

Comment tirer le meilleur parti de ce livre

Au moment d'entreprendre ce livre, j'ai immédiatement senti que le format quiz serait le moyen le plus intéressant et le plus divertissant pour sonder nombre d'aspects de la psychologie humaine. Les tests qui suivent s'appuient sur de nombreuses recherches, études et autres expériences empruntées aux esprits les plus brillants issus de la sociologie, de la psychologie et de la psychiatrie.

Bien que tout sujet soit ouvert au doute et à l'interprétation, je suis certain que ces tests ont bien plus de crédibilité scientifique que les quiz de base piochés dans n'importe quel quotidien. En effet, nombre de questions regroupées dans ce livre équivalent aux meilleures évaluations prodiguées par les psychologues professionnels.

Testez les quiz pour vous amuser

N'hésitez pas à faire un galop d'essai sur un des tests avant d'entamer le jeu complet. Vous pourrez ainsi – même sur une seule question – juger de l'efficacité du format et la pertinence de l'analyse. Et pour augmenter l'intérêt, demandez à un ami de se joindre à vous dans votre propre évaluation, puis comparez les réponses. Mais soyons clairs sur un point : si vous n'êtes pas d'accord avec le résultat, c'est que vous avez faussé vos réponses (consciemment ou non) ou que vous ne vous connaissez pas encore suffisamment. Dans ce cas, revenez en arrière et repassez vos réponses en revue.

« Sois loyal envers toi-même » (in *Hamlet*, Acte I, scène III)

Ce livre vous apportera-t-il une réelle connaissance de vous-même ? Pour une large part, cela dépend de vous. Pour en tirer le maximum, ne truquez pas vos réponses. Personne ne viendra vous espionner ni vous juger. Soyez direct. Il est préférable de répondre sans trop de tergiversations. Et bien que cela soit tentant, ne minimisez pas vos faiblesses et ne gonflez pas vos atouts. Si vous restez honnête et précis dans vos réponses, vous devriez en sortir enrichi d'une image de vous-même aussi juste que possible.

À VOS TESTS !

Salvatore V. Didato, Ph.D.

CHAPITRE 1

Le vrai Vous

Êtes-vous téméraire ?

Sans être des casse-cou au sens strict du terme, certains aiment jouer de leur image d'aventurier : Michael Schumacher, pilote automobile ; Richard Branson, grand patron du groupe Virgin et passionné d'aéronautique ; ou encore Robbie Knievel, cascadeur à moto... De nombreuses études montrent que les personnes « qui osent » ont souvent plus confiance en elles et un quotient intellectuel supérieur aux personnes plus hésitantes. Mais ceci n'est qu'un raccourci partiel.

À l'Institut de psychiatrie de l'université de Londres, Hans Jürgen Eysenck et son épouse Sybil B. G. Eysenck ont mené d'importantes études sur les individus téméraires. Parmi un échantillon de 1 200 personnes, ils ont constaté que les casse-cou étaient plus extravertis et impulsifs que la moyenne, mais que, contrairement à la croyance populaire, leurs prises de risque n'étaient pas le signe d'une quelconque névrose. Ces psychologues concluant même qu'une bonne part – de 50 à près de 70 % – de cette capacité à oser les choses était héréditaire.

TEST

Quelle part d'un Schumacher ou d'un Knievel possédez-vous ? Le test suivant s'appuie sur le protocole présenté par les Eysenck. Répondez par « Vrai » ou « Faux » aux propositions ci-dessous et déterminez le type de téméraire que vous êtes.

1. **Quand je fais mes courses, je me cantonne aux marques qui me sont familières.**
   - ☐ Vrai
   - ☐ Faux

2. **Cela m'ennuie de voir un de mes amis dans l'embarras.**
   - ☐ Vrai
   - ☐ Faux

3. **Les gens malheureux qui s'apitoient sur leur sort m'agacent.**
   - ☐ Vrai
   - ☐ Faux

4. **Je trouve idiot de crier son bonheur sur tous les toits.**
   - ☐ Vrai
   - ☐ Faux

5. **Beaucoup d'amis des bêtes sont trop soucieux du confort et des sentiments des animaux.**
   - ☐ Vrai
   - ☐ Faux

6. **Je me sens mieux après quelques cocktails.**
   - ☐ Vrai
   - ☐ Faux

7. **J'aurais tendance à ressentir de l'empathie pour un inconnu isolé dans un groupe.**
   - ☐ Vrai
   - ☐ Faux

8. **Les démonstrations d'affection en public me gênent.**
   - ☐ Vrai
   - ☐ Faux

9. **Je préférerais un boulot qui nécessite de voyager et bouscule mes habitudes plutôt qu'un job qui m'obligerait à rester chez moi.**
   - ☐ Vrai
   - ☐ Faux

10. **J'économise mon argent régulièrement.**
   - ☐ Vrai
   - ☐ Faux

RÉSULTAT

Pour calculer votre score, comptez 1 point pour chaque réponse conforme.

1. *Faux*

2. *Faux*

3. *Vrai*

4. *Vrai*

5. *Vrai*

6. *Vrai*

7. *Faux*

8. *Vrai*

9. *Vrai*

10. *Faux*

Une témérité « moyenne » se situe entre 4 et 6.

Les Eysenck conclurent que les hommes avaient tendance à être plus aventureux que les femmes. Les téméraires ont un fort besoin de variété et de changement dans leur quotidien. Leur soif de sensations est au-dessus de la moyenne et, pour eux, l'ennui est un sentiment récurrent.

Chez eux, l'expression des sentiments, particulièrement en public et de la part des autres, devient source de gêne. Ils affichent de la dureté et préfèrent agir plutôt que laisser parler leurs émotions.

Ces risque-tout ont un réel goût pour le mouvement, l'action, et gravitent volontiers dans l'entourage de ceux qui cherchent la nouveauté et n'hésitent pas à pas prendre des risques pour l'atteindre. De manière significative, les activités qui apparaissent risquées aux yeux de l'individu moyen – escalade d'une montagne, descente en ski – ne revêtent que peu d'intérêt et un danger moindre pour nos audacieux.

Le degré de hardiesse peut varier selon le cadre social. Les études des dynamiques de groupe confirment qu'un motif appelé *Risky Shift* intervient lorsque les membres réunis s'encouragent mutuellement à « oser » et aboutissent à une prise de risque plus grande que s'ils avaient été seuls. Lorsqu'un groupe est confronté à un problème, ses membres se plieront plus volontiers à des solutions drastiques s'ils se sentent protégés par une volonté collective. Le psychologue social Irving Lester Janis a nommé ce phénomène « pensée groupale » ou « pensée moutonnière ». Dans son livre *Victims of Groupthink* (« Les victimes de la pensée de groupe »), il illustre cette dynamique en citant l'exemple de la décision désastreuse, prise par le comité stratégique de l'armée américaine, qui présida à l'invasion du Cambodge durant la guerre du Vietnam.

Par ailleurs, les biochimistes ont surnommé « accros à l'adrénaline » ces aventuriers extrêmes qui semblent mus par un authentique besoin physique de maintenir un haut niveau d'adrénaline afin d'être heureux. S'il est juste d'avancer que ces limites extrêmes de la psyché humaine sont influencées par des facteurs psychologiques, il faut également tenir compte de l'influence familiale, déterminante dans notre capacité à oser ou pas. Qui de la nature ou de l'éducation, de l'acquis ou de l'inné, favorise le comportement à risque ? Les études montrent que les parents qui offrent des environnements stimulants à leurs enfants sont probablement eux-mêmes du genre téméraire. Mais, si l'enfant emprunte effectivement cette voie, il est difficile de décréter ce qui a été le plus déterminant, l'hérédité ou l'éducation.

Êtes-vous du genre sociable ou faites-vous tapisserie ?

Qu'est-ce qui fait que des personnes sautent sur la scène dès qu'on réclame un volontaire dans la salle ? Il y a des chances qu'il s'agisse de persones extraverties, vous savez, celles qui aiment faire des choses avec et pour les autres.

C'est en 1921 que le psychanalyste Carl Gustav Jung introduisit pour la première fois les termes d'introversion et d'extraversion. Cette notion selon laquelle l'humanité peut être divisée entre ces deux types de personnalité planait dans l'air depuis plusieurs siècles, mais Jung en fit l'étude la plus approfondie et écrivit sur le sujet. Il affirma que nous sommes nés avec ces deux « attitudes innées », l'une repliée sur nous-même, l'autre tournée vers les autres.

Jung estima que ces deux tendances étaient présentes en chacun de nous. Mais l'une d'elles prend le dessus tandis que l'autre est renvoyée au plus profond de l'inconscient, exerçant une pression qui peut s'exprimer dans les rêves et les fantasmes. Ainsi, selon Jung, tout extraverti – donc tourné vers l'extérieur – est un introverti à l'intérieur, et vice versa.

Alors que les extravertis ont besoin d'une dose massive de stimulation sociale - et sont moins portés sur leurs expériences intérieures (sentiments, imagination, idées) – les introvertis ont des besoins exactement opposés.

Une orientation n'est pas plus saine que l'autre, bien que différentes cultures peuvent encourager l'une ou l'autre. Des introvertis figurent parmi les plus brillants chercheurs, scientifiques et écrivains, tandis que les extravertis se retrouvent en nombre parmi les hommes d'affaires, les instituteurs et vendeurs de tout acabit.

TEST

Si vous vous demandez où vous vous situez sur l'échelle introverti/extraverti, le quiz suivant peut vous fournir quelques indices.

1. Je préfère écouter que parler.

a. Absolument vrai
b. En grande partie vrai
c. Un peu vrai
d. Absolument pas

2. **Comparé aux autres, je suis difficile à cerner.**
   a. Absolument vrai
   b. En grande partie vrai
   c. Un peu vrai
   d. Absolument pas

3. **Je trouve difficile, voire déplaisant, de faire la conversation.**
   a. Absolument vrai
   b. En grande partie vrai
   c. Un peu vrai
   d. Absolument pas

4. **Je suis un bileux.**
   a. Absolument vrai
   b. En grande partie vrai
   c. Un peu vrai
   d. Absolument pas

5. **Je n'aimerais pas être à la tête d'un grand groupe.**
   a. Absolument vrai
   b. En grande partie vrai
   c. Un peu vrai
   d. Absolument pas

6. **Je me sentirais très embarrassé si quelqu'un signalait une tache sur mes vêtements devant tout le monde.**
   a. Absolument vrai
   b. En grande partie vrai
   c. Un peu vrai
   d. Absolument pas

7. **Je suis sujet à la rêverie.**
   a. Absolument vrai
   b. En grande partie vrai
   c. Un peu vrai
   d. Absolument pas

8. Cela me gêne quand on me regarde faire quelque chose.

a. Absolument vrai
b. En grande partie vrai
c. Un peu vrai
d. Absolument pas

9. Surmonter une gêne me prend beaucoup de temps.

a. Absolument vrai
b. En grande partie vrai
c. Un peu vrai
d. Absolument pas

10. Je me sentirais gêné si je trébuchais en public.

a. Absolument vrai
b. En grande partie vrai
c. Un peu vrai
d. Absolument pas

RÉSULTAT

Attribuez-vous 1 point pour chaque réponse « a », 2 points pour chaque « b », 3 pour chaque « c » et 4 pour chaque « d ».

De 29 à 40 points : *Vous êtes éminemment extraverti. Vous aimez être vu et interagir avec les gens. Attention, toutefois, dans certaines circonstances, à ne pas vous laisser mener par votre spontanéité débridée, là où votre sociabilité gagnerait à être jugulée.*

De 21 à 28 points : *Vous vous situez à mi-chemin des deux extrêmes, comme la plupart des gens. Vous aimez faire partie du jeu social mais vous appréciez également les moments d'introspection.*

De 10 à 20 points : *Vous êtes du côté de l'introversion. Vous êtes capable de composer avec autrui mais vous préférez nettement votre solitude. Vous n'avez pas forcément besoin des autres pour vous remonter le moral, mais vous trouvez plutôt la force et l'inspiration dans votre vie intérieure.*

Les sociétés occidentales ont tendance à encourager le comportement extraverti. Nous approuvons le fait qu'un enfant soit ouvert sur l'extérieur et s'impose en société, et désapprouvons pareillement l'absence de ces dispositions. Au sein de certaines sociétés non occidentales, toutefois, l'introversion est un trait de caractère plus acceptable.

Le professeur Eysenck, à travers son travail au sein de l'hôpital Maudsley, à Londres, a conclu que l'opposition introversion/extraversion s'expliquait mieux en termes biologiques qu'en termes culturels. Il avance que les introvertis ont un système nerveux plus sensible que les extravertis, les poussant à une attitude de retrait destinée à préserver leur cerveau de tout débordement. Les introvertis tendent à suivre leur propre schéma mental plutôt que de se laisser balloter par les opinions des autres. Les extravertis, en revanche, réclament d'un point de vue physique une somme importante de stimulations, et recherchent activement ceux dont les opinions et idées sont les plus influentes.

En dépit de la propension naturelle de chacun à pencher d'un côté ou de l'autre, l'on peut balancer entre les deux attitudes en fonction de la situation. Par exemple, lors d'une soirée, une personne généralement introvertie peut se révéler plus expansive, bavarde et réactive si elle connaît les autres invités. Mais si elle ne connaît que l'hôte – trop occupé à remplir les verres et renouveler les petits fours – le côté grégaire de sa personnalité peut ne pas s'exprimer.

Bien que chacun de ces deux types possède ses caractéristiques positives, leur extrême peut poser problème dans certains cas. L'extraverti qui ne se maîtrise pas a besoin du contact et du retour de l'autre, et se noie dans l'angoisse et l'agitation quand il doit travailler ou étudier seul. Il se languit de la présence des autres. L'introverti pur et dur recherche la solitude et devient nerveux quand il s'agit d'avoir affaire à autrui, même dans la situation la plus banale. Comme toujours, la modération est la clé.

Quel est votre rapport au temps ?

Le rapport au temps varie d'une partie du monde à l'autre. La culture qui nous irrigue modèle notre manière d'aborder le temps, et petit à petit, notre horloge interne se conforme à ce tempo. Sous les tropiques, le rythme de vie est bien plus lent, tandis que les pays bénéficiant d'un climat plus tempéré tendent vers un rythme plus rapide.

À travers son travail développé au sein de l'université d'État de Californie (Fresno), le professeur Robert Levine a élaboré une étude comparative de plusieurs nations (Japon, Angleterre, Italie, Indonésie, Taiwan et États-Unis). Il a ainsi constaté que, par de nombreux aspects, le Japon avait le rythme de vie le plus rapide, tandis que l'Indonésie abordait la notion de temps de la manière la plus paisible.

TEST

Dans nos sociétés occidentales, nous sommes obnubilés par le temps et accordons une grande valeur à l'empressement. Tous ces gens qui maîtrisent leur temps de façon tellement efficace sont très recherchés et réussissent généralement bien dans la vie. Qu'en est-il pour vous ? Le quiz suivant, similaire à celui utilisé pour l'étude *Time Perspective Inventory* (« Inventaire des perspectives temporelles ») menée à l'université de Stanford (Californie), devrait vous aider à mesurer votre sens de l'urgence.

1. **Cela m'ennuie d'être en retard à un rendez-vous.**
   a. Rarement ou très peu
   b. Quelquefois ou moyennement
   c. Souvent ou énormément

2. **Je me sens perdu lorsque j'oublie de porter ma montre.**
   a. Rarement ou très peu
   b. Quelquefois ou moyennement
   c. Souvent ou énormément

3. **Il est difficile pour moi de ne rien faire et de regarder le temps filer.**
   a. Rarement ou très peu
   b. Quelquefois ou moyennement
   c. Souvent ou énormément

4. **Je ne supporte pas que l'on me fasse attendre.**
   a. Rarement ou très peu
   b. Quelquefois ou moyennement
   c. Souvent ou énormément

5. **Cela m'ennuie de remettre l'achèvement d'une tâche à plus tard.**
   a. Rarement ou très peu
   b. Quelquefois ou moyennement
   c. Souvent ou énormément

6. **Je fais des listes de choses à faire.**
   a. Rarement ou très peu
   b. Quelquefois ou moyennement
   c. Souvent ou énormément

7. **Je suis toujours à l'heure dans mon travail et aide les autres dans leurs obligations professionnelles.**
   a. Rarement ou très peu
   b. Quelquefois ou moyennement
   c. Souvent ou énormément

8. **J'adore faire plein de choses en un minimum de temps.**
   a. Rarement ou très peu
   b. Quelquefois ou moyennement
   c. Souvent ou énormément

9. **Quand j'ai quelques heures à tuer, je réfléchis toujours au meilleur moyen de les utiliser.**
   a. Rarement ou très peu
   b. Quelquefois ou moyennement
   c. Souvent ou énormément

10. Lorsque je sais que je vais au-devant d'une longue attente, j'emmène du travail ou de la lecture.

a. Rarement ou très peu
b. Quelquefois ou moyennement
c. Souvent ou énormément

11. J'aime allouer un temps compté pour tel ou tel projet.

a. Rarement ou très peu
b. Quelquefois ou moyennement
c. Souvent ou énormément

12. J'emmène un bloc-notes dans lequel je dresse mes listes de choses à faire.

a. Rarement ou très peu
b. Quelquefois ou moyennement
c. Souvent ou énormément

RÉSULTAT

Attribuez-vous 1 point pour chaque réponse « a », 2 points pour chaque « b » et 3 pour chaque « c ». Gardez à l'esprit qu'aucun des extrêmes n'est véritablement bénéfique : si vous êtes trop « coulant », alors vous pouvez manquer certains objectifs qui valent la peine ; si avez trop « le nez sur l'horloge », ce qui apparaît d'abord comme une qualité peut tourner à votre désavantage.

De 12 à 19 points : *Le temps semble le cadet de vos soucis. Vous ne tenez pas assez compte des contraintes que le temps fait peser sur votre vie. Vous plongez sans doute les autres dans la frustration par votre désinvolture et votre manque de rigueur. Efforcez-vous de planifier vos projets et de vous tenir à leur accomplissement en temps et en heure.*

De 20 à 29 points : *Vous avez une attitude responsable face au temps et un rapport réaliste à l'urgence ; vous faites les choses qu'il faut quand il le faut.*

De 30 à 36 points : *Vous êtes sur la bonne voie pour devenir un obsédé du chronomètre. Entraînez-vous à mettre les événements en perspective et attaquez-vous en priorité aux tâches importantes. Détendez-vous et faites-vous à l'idée que certaines choses peuvent être remises à plus tard sans grandes conséquences.*

Bien que la culture influence notre perception du temps, « vivre » le temps est bien une affaire individuelle. Et cela ne dépend pas d'une pendule sur un mur. Notre horloge subjective est habituellement plus lente que le temps objectif. Ainsi, en plus du rythme imposé par notre société, nous y répondons plus ou moins strictement, selon ce que nous faisons à l'instant T, les gens avec lesquels nous sommes, et notre humeur dominante. Le professeur Levine a constaté que les individus avaient tendance à vivre selon des approches du temps différentes. Quelques-uns vivent dans le passé, d'autres dans le présent, et la plupart vivent dans le futur. Adolescents, nous vivons ici et maintenant, savourant juste l'instant présent. Mais en tant qu'adultes, nous devenons plus soucieux du lendemain, repoussant les plaisirs immédiats au profit de projets plus constructifs.

Nos sociétés occidentales nourrissent une préoccupation particulière pour « ce qui nous attend ». Nos banques et compagnies d'assurances prospèrent ainsi en entretenant ce sentiment d'inquiétude. Pourtant, ce genre de perspective peut se retourner contre nous. La mauvaise gestion du temps est une source significative de stress. Nous nous accordons un temps limité pour réaliser les choses sans jamais être sûrs du temps réel dont nous avons besoin.

Alan Lakein, expert en gestion du temps et auteur de *How to Get Control of Your Time and Your Life* (« Comment prendre le contrôle de votre temps et de votre vie »), conseille de procéder par priorités. Dans l'optique de minimiser le stress et maximiser la productivité, nous devrions nous concentrer sur les tâches les plus essentielles, puis nous tourner vers les choses les moins importantes.

Avez-vous le goût des émotions fortes ?

L'affirmation selon laquelle « la réalité dépasse la fiction » peut paraître galvaudée, mais elle est on ne peut plus juste. Il y a quelques années, un étudiant de 19 ans de Long Beach (Californie) a poussé son deltaplane d'une falaise et s'est élancé sans attendre du haut de ses 182 mètres. Il ne portait pas de casque. Après plusieurs jours passés entre la vie et la mort dans une unité de soins intensifs, il a pu sortir de l'hôpital et retourner à son sport favori... le deltaplane.

Pourquoi les gens prennent-ils des risques ? Les humains, semble-t-il, ont un besoin inexpliqué de stimulation. Le « grand frisson » existe à des degrés divers en chacun de nous, de ces artistes funambules aux enfants en skateboard. Le goût pour l'émotion forte culmine durant l'adolescence, et décroît progressivement avec l'âge. Mais certains d'entre nous ne se débarrassent jamais du désir d'expérimentation et de décharge d'adrénaline.

Le docteur Marvin Zuckerman appelle ce phénomène *Sensation Seeking* (« la recherche de sensations »). Il croit déceler là un trait universel possédant probablement une base biologique. Après d'importantes recherches, Zuckerman a conçu un certain nombre de questionnaires destinés à identifier ceux qui recherchent frénétiquement de quoi électriser leurs sens et illuminer leur vie. Pour ces personnes, la quête de sensationnel pourrait recouvrir de simples activités telles que commander un plat exotique, rouler vite ou lire des romans d'aventures.

TEST

Pour mesurer si vous êtes à la recherche de sensations fortes, essayez le quiz suivant. Il est basé sur l'un des nombreux tests du docteur Zuckerman.

1. Je prends plaisir aux récits des avancées médicales.

a. Pas d'accord

b. D'accord

c. D'accord à 100 %

2. **Quand je voyage, je préfère camper.**
   a. Pas d'accord
   b. D'accord
   c. D'accord à 100 %

3. **J'aimerais faire un travail qui nécessite de voyager.**
   a. Pas d'accord
   b. D'accord
   c. D'accord à 100 %

4. **Par temps chaud, j'aime piquer une tête dans la mer ou une piscine froide.**
   a. Pas d'accord
   b. D'accord
   c. D'accord à 100 %

5. **J'adore la nourriture épicée.**
   a. Pas d'accord
   b. D'accord
   c. D'accord à 100 %

6. **J'aimerais travailler pour aider les gens à résoudre des problèmes.**
   a. Pas d'accord
   b. D'accord
   c. D'accord à 100 %

7. **Je préfère les films qui font peur.**
   a. Pas d'accord
   b. D'accord
   c. D'accord à 100 %

8. **J'adore être dehors quand il fait froid.**
   a. Pas d'accord
   b. D'accord
   c. D'accord à 100 %

9. **Je m'ennuie à force de voir toujours les mêmes visages.**
   a. Pas d'accord
   b. D'accord
   c. D'accord à 100 %

10. **J'aime les gens qui expriment leurs émotions même s'ils sont excentriques ou instables.**
   a. Pas d'accord
   b. D'accord
   c. D'accord à 100 %

11. **J'adorerais être hypnotisé.**
   a. Pas d'accord
   b. D'accord
   c. D'accord à 100 %

12. **Je préférerais travailler à la commission plutôt qu'avec un salaire fixe.**
   a. Pas d'accord
   b. D'accord
   c. D'accord à 100 %

RÉSULTAT

Attribuez-vous 1 point pour chaque réponse « a », 2 points pour chaque « b » et 3 pour chaque « c ».

De 30 à 36 points : *Vous êtes un chasseur de sensations.*

De 20 à 29 points : *Vous avez moyennement besoin de frissons d'aventure et de nouvelles sensations.*

De 12 à 19 points : *Vous êtes assez prudent dans vos goûts et moins téméraire que la plupart des gens.*

La plupart des chercheurs de sensations reconnaissent les propositions de ce test comme des parties intégrantes d'eux-mêmes. Comparés à la moyenne, ils apparaissent plus souples dans les situations fluctuantes et montrent de réelles préférences pour des emplois au service des autres (médecine, social, enseignement).

Après près de quarante années de travaux, Zuckerman conclut que les « hauts scores » différaient des « bas scores » selon quatre critères de base :

1. Recherche de frissons et d'aventure : ils nourrissent leur soif de nouvelles sensations fortes en pratiquant des activités « à risque » telles que la descente à skis, les montagnes russes ou la moto.

2. Recherche d'expériences : ils sont en perpétuelle recherche d'excitation en adoptant un style de vie non conventionnel, en se forgeant des amitiés excentriques, en voyageant fréquemment ou en prenant des drogues.

3. Désinhibition : ils sont socialement désinhibés et sont portés naturellement vers l'alcoolisme social, le jeu et les expérimentations sexuelles.

4. Prédisposition à l'ennui : ils supportent mal les expériences sans surprise et répétitives, le travail routinier ou la collaboration avec les gens prévisibles.

Dans la revue *Psychology Today*, le professeur Frank Farley a rapporté des expériences montrant que les chercheurs de sensations avaient besoin de maintenir un haut niveau de stimulation de leur système nerveux. Parfois appelés « accros à l'adrénaline », ces individus choisissent d'être sans cesse sur le haut de la vague plutôt qu'au repos. Les hommes dominent largement cette catégorie. Parce que ceux-ci mettent sur le même plan « prise de risque » et « courage », ils obtiennent de plus hauts scores que les femmes sur cette échelle d'évaluation. Cela peut être attribué en partie au cadre social : les garçons sont plus volontiers encouragés à prendre des risques que les filles. Et quand vient l'heure de tutoyer le grand frisson, ce fossé des genres tend à se confirmer.

Pourriez-vous devenir agressif ?

Lorsque les animaux de laboratoire reçoivent des chocs électriques, ils évacuent leur colère en se jetant sur leurs congénères les plus proches. Les effets de la frustration sur le comportement humain ne sont pas différents. Notre frustration est souvent synonyme de conflit, particulièrement pour ceux qui nous sont les plus proches.

Canaliser les pulsions agressives est un défi incessant et de toute une vie. Malheureusement, certains ne prennent même pas la peine de tenter de se maîtriser. Les observations montrent que nous apprenons à être agressifs par étapes. Enfant, l'on peut frapper un camarade de jeu ou un adulte dans un accès de colère. Mais si ce type de comportement persiste plus tard dans la vie, il peut s'imposer au quotidien comme seule réponse – indésirable – à n'importe quelle difficulté.

TEST

Le quiz suivant est basé sur les découvertes du docteur Richard Parlour et confrères, qui ont écrit sur le comportement agressif. Il peut vous aider à mesurer votre propension à devenir agressif.

1. Sans raison apparente, je deviens irritable.

a. Rarement
b. Quelquefois
c. Souvent

2. Je ne fais pas assez d'efforts pour m'améliorer.

a. Rarement
b. Quelquefois
c. Souvent

3. Si quelqu'un crie contre moi, je hausse la voix en retour.

a. Rarement
b. Quelquefois
c. Souvent

4. **Je bois régulièrement et me saoule souvent.**
   a. Rarement
   b. Quelquefois
   c. Souvent

5. **Je fais les choses de manière impulsive.**
   a. Rarement
   b. Quelquefois
   c. Souvent

6. **Quand quelqu'un me contrarie ou se met en travers de mon chemin, je ne pardonne pas et n'oublie pas facilement.**
   a. Rarement
   b. Quelquefois
   c. Souvent

7. **Quand je suis en colère, je lance ou je casse les objets.**
   a. Rarement
   b. Quelquefois
   c. Souvent

8. **Je me lance dans une activité physique ou tout autre exutoire afin de faire retomber la pression.**
   a. Rarement
   b. Quelquefois
   c. Souvent

9. **Si quelqu'un m'exaspère, je n'hésite pas à lui dire ses quatre vérités.**
   a. Rarement
   b. Quelquefois
   c. Souvent

10. **Après un accès de colère, je regrette d'avoir perdu mon sang-froid.**
   a. Rarement
   b. Quelquefois
   c. Souvent

RÉSULTAT

Attribuez-vous 1 point pour chaque réponse « a », 2 points pour chaque « b » et 3 pour chaque « c ».

De 10 à 14 points : *Vous avez tendance à exprimer votre colère de manière pacifique, voire de la réprimer en certaines occasions.*

De 15 à 21 points : *Vous faites preuve d'un contrôle moyen sur vous-même lorsqu'il s'agit de retenir vos sentiments de colère.*

De 22 à 30 points : *Sous stress, il vous faut peu de chose pour mettre le feu aux poudres. Vous devriez exercer votre self-control. Il peut être intéressant pour vous de revenir sur les propositions auxquelles vous avez répondu « souvent » et d'essayer de travailler à modifier ces comportements.*

Dans ses travaux, Parlour a constaté que ces actions destructrices sont communes à nos sociétés. Il a identifié les signes annonciateurs de ces explosions d'agressivité, et quelques-uns sont présents dans ce test. Il a conclu que chacun de nous possède son point de rupture et que, soumis à une certaine dose de stress, nous sommes tous capables d'agressivité. Mais Parlour note également que, trop souvent, ceux qui « partent au quart de tour » attribuent leur comportement à une sorte de « goutte d'eau qui fait déborder le vase », renonçant ainsi à exercer leur retenue ou à chercher d'autres voies d'expression.

Les psychologues peuvent-ils prévoir une explosion de violence au sein d'une famille ? Le docteur J. Monahan – auteur de *The Clinical Prediction of Criminal Behavior* (« Prévision clinique du comportement criminel ») – affirme qu'il est impossible de la prédire avec une telle précision. Toutefois, il note que certains signes permettent de prévoir si un mari peut battre sa femme. Ces signes incluent les faits suivants : le mari lui-même a une histoire familiale violente, ses camarades étaient violents à son égard ou il a connu une longue période de chômage. Monahan conseille que les personnes souffrant de cette tendance évitent toute situation susceptible de déclencher leurs pulsions.

Notre quiz est basé sur une liste de traits qui correspondent à un contrôle de soi déficient. Certains spécialistes voient dans cette tendance à s'abandonner trop facilement à ses pulsions agressives le simple reflet de nos modèles fondateurs – parents, fratrie, camarades – rencontrés lors de nos années de construction. Mais il est important de préciser que la plupart des brouilles domestiques n'incluent aucune violence.

Notez, pour finir, que si vous avez le profil sanguin de celui qui se met en colère plus vite que son ombre, votre prédisposition sera décuplée par l'alcool. À l'université de Yale, le professeur A. B. Hollingshead a étudié un échantillon de 500 cas de divorces et a constaté que plus de 26 % des dossiers avaient été bâtis sur l'alcoolisme d'un des époux, plus généralement le mari.

Savez-vous vous maîtriser ?

Pour certaines personnes, vivre intensément est un mode de vie en soi. Des milliers de tranquillisants sont prescrits chaque année dans le monde (et la France est championne en la matière) afin de maintenir nos émotions sous contrôle, mais nombre d'entre nous n'y parviennent pas. Nos débordements provoquent alors des résultats néfastes pour nous et les autres.

Les chercheurs ont conçu de longs questionnaires destinés à identifier les individus qui gèrent mal le stress. Le test suivant est basé sur les études de Leonard Derogatis, de l'université John Hopkins (Baltimore, Maryland), qui évalue notre façon de faire face aux situations difficiles.

TEST

Pour savoir si vous êtes une bombe à retardement lorsque vous êtes énervé, faites le test suivant.

1. **L'impatience vous gagne rapidement lorsque vous faites la queue.**
   a. Rarement
   b. Quelquefois
   c. Souvent

2. **Vous travaillez dur, jouez à fond et essayez d'être toujours à bloc dans ce que vous faites.**
   a. Rarement
   b. Quelquefois
   c. Souvent

3. **Vous êtes facilement exaspéré lorsque quelqu'un vous bloque dans la circulation.**
   a. Rarement
   b. Quelquefois
   c. Souvent

4. **Vous avez plus l'âme d'un battant que la plupart de vos amis.**
   a. Rarement
   b. Quelquefois
   c. Souvent

5. **Vous jetez et cassez des objets lorsque vous êtes en colère.**
   a. Rarement
   b. Quelquefois
   c. Souvent

6. **Ça vous énerve quand les gens ne font pas leur boulot sérieusement.**
   a. Rarement
   b. Quelquefois
   c. Souvent

7. **Vous invectivez les inconnus lorsque vous êtes irrité, par exemple au volant, dans les magasins ou au travail.**
   a. Rarement
   b. Quelquefois
   c. Souvent

8. **Vous vous énervez lorsque vous échouez à faire quelque chose.**
   a. Rarement
   b. Quelquefois
   c. Souvent

9. **Quand vous êtes en colère, vous vous activez et faites des trucs comme conduire, manger et marcher vite.**
   a. Rarement
   b. Quelquefois
   c. Souvent

10. **Vous ne pardonnez pas facilement celui ou celle qui vous a offensé.**
   a. Rarement
   b. Quelquefois
   c. Souvent

RÉSULTAT

Attribuez-vous 1 point pour chaque réponse « a », 2 points pour chaque « b » et 3 pour chaque « c ».

De 0 à 15 points : *vous êtes modéré et facile à vivre.*

De 16 à 23 points : *Vous êtes dans une dynamique moyenne de réponses aux aléas de la vie.*

De 24 à 30 points : *Vous vivez dans une cocotte minute. Il est temps de lever le pied et d'envisager une meilleure perspective pour votre vie.*

Les propositions présentées dans ce test dépeignent généralement des réactions excessives à des situations courantes. Elles délivrent une intensité qui n'est pas justifiée par les véritables enjeux de la situation.

Une personne saine met en œuvre une économie psychique adaptée. Celle-ci répond avec des efforts et une énergie raisonnablement appropriés à l'événement en question, ni plus ni moins. Voici quelques exemples illustrant l'autre extrême : une femme au foyer sursautant et se ruant sur la porte chaque fois que la sonnette retentit ; un adolescent qui avale son repas sans mâcher ; un patron qui claque la porte de son bureau ou appuie plusieurs fois sur le bouton de l'ascenseur. Toutes ces personnes ont des comportements excessifs. Les psychologues voient ces réactions comme autant de manifestations névrotiques.

Il est toutefois juste de dire que chacun, occasionnellement, agit de manière intense, et que cela ne signifie pas nécessairement qu'il ou elle est inadapté(e). Quoi qu'il en soit, il existe une catégorie d'individus qui maintient un mode de vie sous haute tension, indispensable à leur besoin en stress. Ceux que l'on surnomme les « accros à l'adrénaline » considèrent que la vie ne vaut d'être vécue qu'en état d'urgence perpétuel.

Les travaux de l'université de Harvard (Cambridge, Massachusetts) montrent que ces personnes sous tension foncent pour rester maîtresses de leur vie. Elles aiment la polémique, ont l'esprit de compétition et sont ultrasensibles aux affronts des autres (sujet abordé dans les tests 3, 6 et 10). Elles maquillent leurs défauts en surcompensant (voir propositions 2, 4 et 8) et en cherchant des boucs émissaires (propositions 1, 5, 7 et 9).

Quelle est selon vous votre part d'héritage génétique ?

Comment vous compareriez-vous avec vos parents sur les traits de caractère tels que la sociabilité, l'assurance et l'optimisme ? Si vous vous estimez assez semblables, vous pourriez en conclure que votre personnalité est héréditaire. Mais, outre la génétique, vos propres expériences jouent un rôle capital dans la formation de ce que vous êtes.

C'est une question rebattue depuis des siècles : Qui, de la nature ou de la culture, est responsable du développement humain ? Ce débat a véritablement explosé après la publication de *De l'origine des espèces* de Charles Darwin (1859), dans lequel il soutenait que l'hérédité joue un rôle déterminant dans la formation du caractère de l'être vivant. Darwin théorisa ces évolutions physiologiques naturelles qui avaient rendu possible la survie et la propagation des espèces, transmettant ces adaptations aux générations successives.

Des années plus tard, dans un contraste saisissant, le comportementaliste J. B. Watson (université Johns-Hopkins à Baltimore, Maryland) argua que nos traits de caractère fondamentaux étaient transmis plus qu'hérités. Sur cette base, il affirma qu'il pouvait transformer indistinctement une douzaine d'enfants – en bonne santé et issus de milieux différents – en docteurs, avocats, mendiants ou voleurs.

Notre connaissance de la génétique est bien plus aiguë aujourd'hui. De nos jours, par exemple, l'on étudie le cas de jumeaux identiques qui ont été séparés à la naissance afin de déterminer les traits de caractère qu'ils partagent. Ces études comparatives ont aussi été menées avec des orphelins, des familles adoptives et des faux jumeaux. Certains des résultats sont inclus dans ce test.

TEST

À quelle part d'héritage parental devez-vous vos inhibitions ?

1. **Croyances, pensées et sentiments d'une mère inquiète de nature peut influencer le caractère de son enfant à naître.**
   - ☐ Vrai
   - ☐ Faux

2. Tout le monde naît avec un désir d'agressivité.
   - ☐ Vrai
   - ☐ Faux

3. Nous héritons de nos prédispositions en art, musique et sports.
   - ☐ Vrai
   - ☐ Faux

4. Névroses et, plus grave encore, folie sont une question de gènes.
   - ☐ Vrai
   - ☐ Faux

5. Les phobies (serpents, rats, insectes) sont innées.
   - ☐ Vrai
   - ☐ Faux

6. Si deux proches parents se marient, leurs enfants seront plus ou moins retardés.
   - ☐ Vrai
   - ☐ Faux

7. La manière dont je réagis émotionnellement dépend des dispositions dont j'ai hérité de mes parents.
   - ☐ Vrai
   - ☐ Faux

8. L'esprit de compétition est inhérent à la nature humaine.
   - ☐ Vrai
   - ☐ Faux

9. Les filles héritent généralement de plus de caractéristiques de leur mère que de leur père.
   - ☐ Vrai
   - ☐ Faux

10. **On peut hériter de l'alcoolisme de nos parents.**

☐ Vrai

☐ Faux

RÉSULTAT

Accordez-vous 1 point pour chaque réponse « Faux ».

De 1 à 5 points : ***Vous pouvez penser que vos tics comportementaux et autres dispositions particulières de votre caractère sont des héritages génétiques, mais ils ont probablement plus à voir avec ce que vous avez fait, où vous avez été et ce que vous avez appris qu'avec votre ADN.***

6 points et plus : ***Vous avez une bonne appréciation de ce qui provient – ou pas – de votre hérédité.***

L'observation montre que notre expérience façonne la majeure partie de ce que nous sommes.

1. *Faux.* Le sentiment d'insécurité d'une mère enceinte n'influencera probablement pas son bébé. Mais les émotions qui la traversent, telles l'exaltation, la dépression ou la peur affecteront temporairement la physiologie du fœtus par le biais de son système nerveux et le niveau d'hormones.

2. *Faux.* Nous ne possédons pas de gène d'« agression ». Par contre, ce sont les sociétés qui engendrent la violence chez nos enfants… ou leur apprennent à l'éviter.

3. *Faux.* L'on peut hériter de certains avantages physiologiques prédisposant à l'épanouissement en art (comme des récepteurs améliorés permettant une perception accrue des couleurs) ou en musique (comme des neurones plus sensibles liés à l'audition et facilitant la différenciation des tonalités), mais cela s'arrête là. Le vrai talent doit alors être entraîné et développé.

4. *Faux.* Quelques maladies mentales ont de forts composants héréditaires (certains troubles neurologiques ou formes d'épilepsie et psychoses, par exemple), mais la vaste majorité des troubles mentaux sont le résultat d'expériences vécues.

5. *Faux.* Nos peurs spécifiques ne sont pas le fruit d'un héritage mais bien plutôt d'attitudes calquées sur les réactions de notre entourage.

6. *Faux.* Aucune étude définitive ne prouve que le retard congénital résulte de la proximité génétique des deux parents.

7. *Faux.* C'est vrai pour les animaux, non pour les hommes. Notre manière de répondre à un stress quelconque dépendra fortement de l'exemple que nos modèles fondateurs (la plupart du temps les parents) nous ont fourni face à ce genre de situation.

8. *Faux.* L'esprit de compétition est une pure acquisition culturelle totalement déconnectée de la génétique.

9. *Faux.* Un enfant ne s'identifiera pas systématiquement au parent du même sexe. Si une fille tend à agir comme sa mère et non comme son père, il y a des chances qu'elle ait passé plus de temps avec sa mère et ait pris modèle sur elle.

10. *Faux.* L'alcoolisme n'a pas de cause génétique. Dans des familles où l'alcool est familier, un enfant peut apprendre à l'utiliser comme un remède à ses frustrations de la même manière que ceux qui l'entourent.

Maintenant, si vous vous demandez encore qui est responsable de vos difficultés émotionnelles, repensez à tout ça. Vous n'êtes certainement pas l'innocente victime de vos gènes. Il y a des chances pour que vous ayez joué un rôle majeur dans l'installation de vos faiblesses. De la même façon, cela vaut pour vos forces. Une manière d'expliquer l'influence génétique est de dire que nos gènes définissent les limites de nos capacités et que nos expériences font le reste.

CHAPITRE 2

Le désir d'aimer

Tombez-vous facilement amoureux ?

Qu'on le veuille ou non, la confiance est une condition indispensable à notre survie en société. Même le simple fait de manger un bonbon ou de monter dans un bus implique que nous admettions que le bonbon n'a pas été tripoté ou que les freins du bus ont bien été vérifiés. Apprécier pleinement les bénéfices de la vie en société demande de mettre à l'épreuve sa confiance – et celle des autres – jour après jour. Et, dans notre société parfois bien impersonnelle, recevoir la confiance de quelqu'un peut représenter un plus grand compliment que d'être aimé.

Manifestement, votre propension à faire confiance à l'autre dépend de la situation. Vous pouvez vous ouvrir plus facilement à un étranger dans le cadre du travail que vous ne le feriez dans un bar. Placer votre confiance en quelqu'un peut dépendre aussi d'un jugement. Vous pouvez être réticent à l'idée de confier votre animal domestique à tel ami alors que vous lui faites une totale confiance pour garder un secret. Cependant, la confiance ne repose pas seulement sur la situation et le jugement.

À l'université de Tufts (Medford, Massachusetts), les psychologues C. Johnson-George et W. Swap ont identifié un trait général de personnalité qu'ils ont appelé

« confiance interpersonnelle », s'appliquant à la capacité de chacun à tomber amoureux. Leurs recherches approfondies ont fait ressortir que les femmes sont plus disposées à faire confiance aux autres que les hommes (ce qui ne signifie pas qu'il faut suggérer que le genre suffit à cataloguer le degré de confiance des individus). Ils ont également conclu que si vous abordez une relation avec un haut degré de méfiance, il vous sera sans doute plus difficile de tomber amoureux et de livrer toute votre confiance. Bien sûr, cette dynamique peut varier au cours d'une vie : une réticence à faire confiance à un moment de votre existence peut être une réponse à un ensemble de facteurs et ne signifie pas que vous en serez prisonnier pour toujours.

TEST

Si vous vous interrogez sur votre capacité à tomber amoureux, ce test peut vous apporter un éclairage. Il est basé sur les recherches poursuivies à l'université de Tufts. Répondez par « Vrai » ou « Faux » à chaque proposition et déterminez votre « indice de confiance amoureux ».

1. **Je suis réticent à prêter de l'argent aux autres à cause des difficultés pour le récupérer.**
   - ☐ Vrai
   - ☐ Faux

2. **La plupart des gens qui complimentent les autres ne le font que par intérêt et ne pensent absolument pas ce qu'ils disent.**
   - ☐ Vrai
   - ☐ Faux

3. **La majorité des gens sont prêts à fausser leurs opinions afin d'en tirer bénéfice.**
   - ☐ Vrai
   - ☐ Faux

4. La plupart des gens qui empruntent quelque chose et le rendent endommagé ne le signaleraient sans doute pas au prêteur.
   - ☐ Vrai
   - ☐ Faux

5. La plupart des gens aujourd'hui sont trop dépendants des autres.
   - ☐ Vrai
   - ☐ Faux

6. En général, je ne fais pas de concessions.
   - ☐ Vrai
   - ☐ Faux

7. Si une entreprise annonce à ses employés que les bénéfices sont trop bas pour assurer la paie, je serais tenté de douter de l'honnêteté de la firme.
   - ☐ Vrai
   - ☐ Faux

8. La plupart des politiciens sont corrompus d'une manière ou d'une autre.
   - ☐ Vrai
   - ☐ Faux

9. La plupart des gens qui ont réussi le doivent plus à leurs connaissances relationnelles qu'à leur savoir-faire.
   - ☐ Vrai
   - ☐ Faux

10. Les gens d'aujourd'hui ont moins de principes moraux que la génération précédente.
   - ☐ Vrai
   - ☐ Faux

RÉSULTAT

Comptez 1 point pour chaque « Faux ».

De 8 à 10 points : *Vous êtes une personne confiante qui acceptez les autres tels qu'ils sont. Vous tombez amoureux facilement. Votre tendance à la confiance aveugle peut vous faire paraître crédule ou naïf.*

De 5 à 7 points : *Vous parvenez à équilibrer confiance et prudence. Vous êtes ouvert à de nouvelles relations mais conservez une certaine dose d'objectivité quand il s'agit de donner sa confiance ou de tomber amoureux.*

De 0 à 4 points : *Vous êtes plus réticent et suspicieux que la majorité. Vous analysez peut-être trop les motivations des autres. Votre désir de vous protéger à tout prix vous écarte de toute relation avec des gens honnêtes, qui mériteraient amplement votre confiance.*

La confiance interpersonnelle implique la notion de risque. Au début d'une amitié ou d'une relation amoureuse, les gens se demandent souvent si le bénéfice vaut le risque d'être trahi ou rejeté. Après de nombreuses recherches, le docteur Carl Rogers – fondateur du mouvement humaniste en psychologie et ancien directeur du Centre pour l'étude de la personne humaine (La Jolla, Californie) – a conclu que la confiance est fondamentale pour l'équilibre individuel. La confiance réaliste et la capacité naturelle à accueillir l'autre indiquent une bonne acceptation de soi, et sont les signes d'une personnalité stable.

Votre lien romantique est-il sacré ?

Avec un nombre de mariages en France s'élevant à 250 000 en 2011, et des divorces et annulations couvrant près du tiers de ce chiffre, il est naturel que les psychologues et autres experts se soient penchés sur les raisons profondes d'un mariage réussi ou d'une vie à deux ratée.

Travaillant sur la notion d'« un homme averti en vaut deux », les psychologues ont tenté de déterminer les facteurs qui président à la compatibilité et ceux qui annoncent une future rupture. Ils ont découvert que parmi les arguments avancés lors des procédures de divorce, bien peu se rapprochaient des vraies raisons de l'échec conjugal.

Les études d'un certain nombre d'experts ont été menées afin d'en apprendre plus sur ce qui maintient un couple et ce qui le déchire. Plusieurs milliers de célibataires et de personnes mariées ont répondu à des questionnaires longs et complexes, conçus pour mesurer leurs chances de maintenir une relation durable et fructueuse. Après avoir épluché cette masse de données, les scientifiques comportementaux ont finalement isolé ce qu'ils croient être les marqueurs d'une possible incompatibilité amoureuse.

TEST

Le quiz suivant mesure votre capacité à relever les signaux d'alerte annonçant la rupture ou le divorce. Choisissez « Vrai » si vous pensez qu'il s'agit d'une cause valable de rupture, et « Faux » si elle ne vous semble pas significative.

1. **Un écart de dix ans ou plus entre les deux partenaires.**
   - ☐ Vrai
   - ☐ Faux

2. **Une différence notable d'éducation religieuse.**
   - ☐ Vrai
   - ☐ Faux

3. Des expériences amoureuses nombreuses et variées, pour l'un et l'autre, avant le mariage.
   - ☐ Vrai
   - ☐ Faux

4. Un haut niveau d'études chez les deux époux.
   - ☐ Vrai
   - ☐ Faux

5. Un fort attachement aux parents de la part des deux conjoints avant le mariage.
   - ☐ Vrai
   - ☐ Faux

6. La virginité avant le mariage.
   - ☐ Vrai
   - ☐ Faux

7. Que les deux partenaires aient moins de 21 ans au moment du mariage.
   - ☐ Vrai
   - ☐ Faux

8. Un conjoint sans emploi qui considère qu'il/elle n'a pas assez d'argent pour lui/elle et les enfants.
   - ☐ Vrai
   - ☐ Faux

9. Le mari s'érige d'office en personnalité dominante.
   - ☐ Vrai
   - ☐ Faux

10. L'un des conjoints ne désire pas d'enfants.
    - ☐ Vrai
    - ☐ Faux

RÉSULTAT

Accordez-vous 1 point pour chaque réponse identique.

1. *Faux*

2. *Faux*

3. *Faux*

4. *Faux*

5. *Faux*

6. *Vrai*

7. *Vrai*

8. *Vrai*

9. *Faux*

10. *Vrai*

De 8 à 10 points : ***Votre mariage est solide. Mais ne vous arrêtez pas là. Continuez d'entretenir la flamme comme vous l'avez fait jusque-là.***

De 4 à 7 points : ***Vous êtes unis par un lien fort comme la plupart des couples. Continuez de chercher les moyens de le renforcer et de le mettre à l'abri de l'adversité.***

De 0 à 3 points : ***Votre mariage réclame plus de complicité et de stabilité. Abordez vos différences, points de litige et autres rancœurs inexprimées. Un conseiller conjugal pourrait sans doute vous aider.***

1. *Faux.* Dans trois études indépendantes, les psychologues L. Terman, E. Burgess et L. Cottrell ont conclu qu'une différence d'âge conséquente entre les deux époux n'était pas un facteur significatif de chagrin ou de divorce.

2. *Faux.* Les études du psychologue H. Locke n'ont pas prouvé que les différences religieuses étaient une cause majeure de divorce. Il apparaît que d'assez fortes différences, susceptibles de dissoudre un mariage, sont celles-là mêmes qui empêchent de convoler dès le départ.

3. *Faux.* Les recherches conduites (auprès de plus de 500 couples) montrent que les couples formés de deux personnes ayant eu chacune une vie sexuelle active avant le mariage nécessitent moins d'ajustements conjugaux.

4. *Faux.* Les partenaires ayant un haut niveau d'études font généralement de meilleurs mariages et divorcent moins que ceux d'un niveau scolaire moindre.

5. *Faux.* Contrairement à la croyance populaire, les études semblent montrer que les risques de divorce diminuent si les partenaires avaient eu de forts liens avec leurs parents lorsqu'ils étaient célibataires.

6. *Vrai.* Les travaux approfondis de L. Terman, à l'université de Stanford (Californie), et de A. Kinsey, à l'Institut pour la recherche sur le sexe (Bloomington, Indiana), ont démontré que les chances de former une union durable sont un peu meilleures si les partenaires ont eu une expérience sexuelle avant le mariage.

7. *Vrai.* Le taux de divorces survenant entre partenaires de moins de 21 ans est de 50 %. Il y a six fois plus de divorcés parmi cette population que parmi les 30 ans et plus.

8. *Vrai.* Des études indiquent que la situation de précarité économique est une cause majeure de divorce. En fait, l'absence de soutien financier est le motif juridique numéro un du divorce.

9. *Faux.* Il y a de nombreuses preuves selon lesquelles un mariage est bien plus réussi et moins sujet au divorce si le mari ne joue pas le seigneur du château.

10. *Vrai.* Il est prouvé qu'un désaccord entre partenaires sur l'opportunité d'avoir un enfant mène à la dissolution du couple. Il est surprenant d'ailleurs de voir à quel point ce sujet est rarement abordé avant le mariage.

Gagnerez-vous la bataille des sexes ?

L'avocat australien Frank Sheed énonça, avec tout le sarcasme qui était le sien, qu'il y avait deux façons basiques de perdre son temps : en lisant les pubs dans le métro et en crachant du haut d'un pont. Avec tout le respect qui lui est dû, nous pourrions ajouter ce troisième candidat au concours du temps gaspillé : la guerre des sexes.

Cette compétition pleine de fougue brasse plus de vent qu'elle n'éclaire. La vérité est qu'aucun sexe n'est supérieur. En fait, les experts du mariage estiment que les forces et faiblesses des hommes et des femmes se complètent parfaitement dans ce jeu magnifique de la vie et de l'amour.

TEST

Le test suivant vous aidera à mesurer si vos opinions concernant le sexe opposé sont à jour ou à côté de la plaque.

1. **Si une femme s'exerce aussi souvent et avec la même intensité qu'un homme, elle pourrait développer une force musculaire égale à celui-ci.**
   - ☐ Vrai
   - ☐ Faux

2. **Les femmes ont plus souvent le cafard que les hommes.**
   - ☐ Vrai
   - ☐ Faux

3. **Le taux de suicide est plus élevé chez les femmes que parmi les hommes.**
   - ☐ Vrai
   - ☐ Faux

4. Les hommes font de meilleurs sujets pour l'hypnose que les femmes.

☐ Vrai
☐ Faux

5. Les femmes sont plus timides que les hommes.

☐ Vrai
☐ Faux

6. Les hommes sont plus aptes à cerner les motivations des autres que les femmes.

☐ Vrai
☐ Faux

7. Les femmes rêvassent plus souvent que les hommes.

☐ Vrai
☐ Faux

8. Les pères maltraitent plus leurs enfants que ne le font les mères.

☐ Vrai
☐ Faux

9. Les filles entament leur sexualité plus tôt que les garçons.

☐ Vrai
☐ Faux

10. Dans les amitiés de même sexe, les hommes sont plus solidaires que les femmes entre elles.

☐ Vrai
☐ Faux

RÉSULTAT

Accordez-vous 1 point pour chaque réponse identique.

1. *Faux*

2. *Vrai*

3. *Faux*

4. *Faux*

5. *Faux*

6. *Faux*

7. *Faux*

8. *Faux*

9. *Faux*

10. *Faux*

7 points et plus : ***Votre connaissance des différences entre les sexes est bonne.***

De 4 à 6 points : ***Vous faites preuve d'une compréhension moyenne des deux genres.***

De 0 à 3 points : ***Il semble que vous soyez trop attaché à certains stéréotypes concernant les différences entre hommes et femmes.***

1. *Faux.* Le corps masculin produit plus de testostérone que le corps féminin. Cette hormone ajoute de la masse à la fibre musculaire et programme les hommes pour une ossature plus grande. Le corps d'un homme contient 40 % de muscles contre 23 % pour celui d'une femme, et l'entraînement n'y changera pas grand-chose.

2. *Vrai.* Les femmes souffrent de dépression plus souvent que les hommes et sont donc traitées pour ces symptômes plus fréquemment.

3. *Faux.* Le taux de suicide chez les hommes est trois fois plus élevé que chez les femmes.

4. *Faux.* Des études diverses montrent qu'à n'importe quel âge les femmes sont plus sensibles à l'hypnose que les hommes.

5. *Faux.* La timidité se répartit équitablement entre hommes et femmes. Philip Zimbardo, spécialiste du sujet, déclare qu'il n'y a en ce domaine aucune différence entre les sexes.

6. *Faux.* Généralement, les femmes sont plus sensibles aux indices sociaux que les hommes. Elles se montrent plus attentives aux messages non verbaux (langage du corps, expressions du visage, intonation).

7. *Faux.* Les recherches de Jerome Singer à l'université de Yale (New Haven, Connecticut) montrent qu'il y a bien peu de différences entre les hommes et les femmes sur le terrain de la rêverie diurne.

8. *Faux.* Les sociologues ont résumé plusieurs études qui montraient que les mères maltraitaient leurs enfants plus souvent que les pères. Les mères représentaient ainsi de 50 à 80 % des cas de maltraitance étudiés, et les mères tuent leurs enfants deux fois plus souvent que les pères.

9. *Faux.* Les garçons connaissent leur premier rapport sexuel plus tôt que les filles. Une fois qu'ils ont entamé leur activité sexuelle, ils pratiquent plus souvent que leurs consœurs. En général, les hommes sont plus réactifs aux stimuli et pratiquent la masturbation plus volontiers que les femmes.

10. *Faux.* Les recherches menées à l'université de l'Utah, à Salt Lake City, démontrent que les femmes – plus ouvertes, affectueuses et tournées vers le dialogue – ont un effet plus « thérapeutique » entre elles que les hommes entre eux.

Quelle est votre approche de l'intimité ?

La recherche de l'intimité est la quête solitaire du cœur humain. L'intimité est un besoin biologique inné que nous connaissons dès nos premières années lorsque nous sommes blottis dans les bras de notre mère ; dès lors, son puissant attrait ne nous quitte plus.

Mais la proximité interpersonnelle n'est pas aussi répandue qu'on peut le penser. Trop souvent, nous apprenons à limiter nos interactions émotionnelles et notre « style amoureux » ainsi personnalisé nous mène vers une intimité réduite, voire inexistante. C'est là que les ennuis commencent.

Les études montrent que les gens solitaires souffrent plus de troubles physiques et mentaux que ceux qui partagent une intimité. Les individus non mariés, comparés à ceux qui le sont, connaissent plus de déséquilibres. Les enfants qui vivent une longue séparation d'avec leurs parents et famille peuvent développer de l'asthme, des troubles respiratoires et autres maladies. A contrario, les gens malades qui tombent amoureux sont plus aptes à récupérer rapidement. Certains experts vont encore plus loin en affirmant qu'une intimité amoureuse est aussi fondamentale à l'être humain que boire et manger.

Malheureusement, dans un monde qui prône l'individu et l'indépendance, il est de plus en plus difficile de trouver le contact. Nombre d'entre nous s'intègrent à la société en contrant toute tentative de rapprochement. Quel degré d'intimité entretenez-vous avec la personne la plus proche dans votre vie ? Vos styles amoureux sont-ils compatibles ? Ressentez-vous un manque de proximité ou d'écoute avec votre partenaire ?

TEST

Le quiz suivant vous aidera à cerner votre approche de l'intimité. Pour répondre aux questions, gardez en tête votre relation avec la personne qui vous est chère. N'hésitez pas à lui proposer le test.

1. **Combien de votre temps libre partagez-vous avec votre partenaire ?**
   a. Pas beaucoup
   b. Un peu
   c. Beaucoup

2. **Selon quelle fréquence estimez-vous important que votre partenaire vous montre de l'affection physique ?**
   a. Pas souvent
   b. Quelquefois
   c. Souvent

3. **Vous sentiriez-vous blessé si votre partenaire refusait de partager des sentiments profonds avec vous ?**
   a. Pas beaucoup
   b. Un peu
   c. Énormément

4. **Comprenez-vous ses sentiments les plus profonds ?**
   a. Pas beaucoup
   b. Un peu
   c. Énormément

5. **Quel soutien apportez-vous à votre partenaire lorsqu'il est malheureux ?**
   a. Pas beaucoup
   b. Un peu
   c. Énormément

6. **Lui montrez-vous beaucoup d'affection ?**
   a. Pas beaucoup
   b. Un peu
   c. Énormément

7. **Vous sentez-vous proche de votre partenaire ?**
   a. Pas beaucoup
   b. Un peu
   c. Énormément

8. **Lors d'un désaccord profond, comment cela influe-t-il sur votre relation ?**
   a. Pas beaucoup
   b. Un peu
   c. Énormément

9. **Combien de temps passez-vous seul sans lui ?**
   a. Pas beaucoup
   b. Un peu
   c. Énormément

10. **Comment estimez-vous votre relation avec votre partenaire ?**
    a. Pas très satisfaisante
    b. Assez satisfaisante
    c. Très satisfaisante

11. **Quand vous vous disputez violemment, cela vous rend-il malade ?**
    a. Pas beaucoup
    b. Un peu
    c. Énormément

12. **Vos disputes durent-elles plus de deux jours ?**
    a. Souvent
    b. Quelquefois
    c. Pas souvent

RÉSULTAT

Attribuez-vous 1 point pour chaque réponse « a », 2 points pour chaque « b » et 3 pour chaque « c ».

27 points ou moins : *Votre degré d'intimité avec votre partenaire est particulièrement bas. Cela ne signifie pas nécessairement que vous vous déplaisez mutuellement. Vos besoins respectifs en proximité intime peuvent être bas et vous convenir ainsi parfaitement. Toutefois, si votre score renvoie à une réelle situation d'insatisfaction, il semble que cela dénote des difficultés à partager, concevoir ou vivre une intimité. Une aide extérieure avisée pourrait être souhaitable.*

De 28 à 32 points : *Comparé aux autres couples, vous faites preuve d'un degré d'intimité moyen dans votre relation.*

33 points et plus : *Vous vivez une relation intensément proche. Une chose à surveiller pour certains : vous pouvez être trop sensible aux sentiments de l'autre et vous sentir facilement blessé lorsque votre partenaire vous ignore.*

Ce quiz est basé sur les recherches concernant l'intimité sociale, conduites par R. S. Miller et H. M. Lefcourt de l'université de Waterloo (Ontario), qui ont testé des centaines de célibataires et couples mariés. Devons-nous conclure que le mariage répond à tous nos besoins d'intimité ? Bien que le mariage soit un moyen approprié pour accroître le rapprochement dans un couple, il peut être destructeur si les partenaires ont des styles amoureux incompatibles. En fait, les études montrent que les couples mariés malheureux révèlent tous un taux d'intimité très bas.

CHAPITRE 3

Un foyer heureux

Savez-vous repérer un enfant en difficulté ?

« Depuis que Sam est dans la classe de Mme Hébert, il va mieux. Elle semble sentir quand quelque chose ne va pas et sait comment l'aider. » Ce témoignage appelle une question : pourquoi les enfants réagissent mieux avec certains professeurs qu'avec d'autres ?

Les enfants sont sensibles à la manière dont l'enseignant juge leur comportement. La position du professeur – sur ce qui est une bonne ou une mauvaise attitude – peut avoir une influence directe sur le développement de la personnalité de l'élève. Une étude réalisée il y a plus de cinquante ans montrait qu'il y avait de grandes différences entre ce que les professeurs et parents définissaient comme un comportement « sérieux » et la vision des spécialistes de l'enfant.

Avez-vous la même vision que les experts ? Êtes-vous à l'écoute des moindres signes de trouble chez votre enfant, ou bien restez-vous focalisé sur des comportements relativement bénins que votre enfant tendra à exagérer délibérément ?

TEST

Une enquête d'opinion a demandé à des enseignants, parents et experts en psychologie infantile de trier certains comportements indicateurs de futurs troubles. Les dix comportements listés ci-dessous étaient inclus dans l'étude. Pour répondre à ce quiz, rangez les comportements en fonction de leur relative gravité. Entre 1 pour « extrêmement grave » et 10 pour « pas grave », placez votre appréciation dans la colonne « Votre réponse ». Puis, sautez à la rubrique « Score » pour mesurer votre capacité à repérer un enfant en difficulté.

Votre réponse	Experts	Différence	
			Sauvage, replié sur lui-même
			Méfiant
			Triste, déprimé
			Plein de ressentiment
			Craintif
			Cruel
			Facilement découragé
			Influençable
			Excessivement critique à l'égard des autres
			Sensible

Votre score :

RÉSULTAT

L'échantillon de comportements que vous venez de noter est extrait d'une liste de 50 caractéristiques établies par des pédopsychologues, psychiatres, travailleurs sociaux et autres conseillers. L'ordre dans lequel apparaissent les éléments découle de la manière dont ils ont été rangés, « sauvage » étant le comportement le plus problématique qu'un enfant puisse exprimer.

Pour comptabiliser votre score, inscrivez les nombres de 1 à 10 dans la colonne des experts, en commençant par 1 à la première ligne et en finissant par 10 à la dernière. Ceci vous donnera le classement des experts. Ensuite, pour chaque comportement, calculez la différence entre votre appréciation et celle des experts, et placez le résultat dans la colonne « différence ». Additionnez tous les nombres de celle-ci pour obtenir votre score.

Le score le plus bas est 0, et le plus haut, 50. Un score de 25 représente la moyenne des deux extrêmes. Plus vous êtes près de 0, et plus vous êtes en accord avec les experts sur ce qui constitue de véritables comportements déviants.

Les dix comportements de notre quiz sont, à divers degrés, des indicateurs notables d'un trouble chez l'enfant, mais ceux qui figurent parmi les trois ou quatre premiers sont les plus graves. En toute honnêteté, ce que les professeurs considèrent comme un problème « sérieux » n'est souvent qu'un désagrément pour celui qui enseigne, pour la quiétude de la classe, l'école, et pas nécessairement un précurseur de névrose.

Lorsque des études similaires ont été menées trente ans plus tard, les résultats ont montré que les positions des professeurs et des parents s'étaient rapprochées de celles des experts. Mais les experts se sont alors révélés plus conservateurs dans leurs appréciations. Une enquête plus récente montre que ces trois groupes se concentrent maintenant plus sur des comportements tels que le repli sur soi, la tristesse, la dépression et la peur. Le résultat le plus encourageant de ces études montre que, comparés à leurs prédécesseurs d'il y a cinquante ans, des professeurs plus aguerris et des parents mieux informés commencent à s'emparer des symptômes déviants avant qu'ils ne leur échappent.

CHAPITRE 4

L'image sociale

Êtes-vous un manipulateur qui avance masqué ?

À un moment ou un autre, nous avons tous été en position de devoir convaincre quelqu'un. Que ce soit un enfant qui enjôle ses parents pour une friandise supplémentaire ou un escroc roublard qui soutire tout son argent à un innocent, ces comportements réclament tous deux beaucoup de sagacité.

Dans leurs travaux développés au sein de l'université de Columbia à New York, les psychologues Charles Turner, Daniel Martinez et Richard Christie ont exploré les caractéristiques qui destinent un individu à la fois à la réussite sociale et à la réussite professionnelle. Plusieurs facteurs entrent en jeu : quotient intellectuel, niveau d'instruction, succès scolaires, assise sociale et personnalité des parents. Mais les chercheurs ont appris également que ces seuls traits ne suffisent pas à garantir la réussite. Ceux-ci ne représenteraient que 65 % de l'apport fondamental pour une carrière dans le monde des affaires. Les 35 % manquants sont imputables à un facteur que l'on pourrait définir comme étant la capacité à pousser les autres à faire ce que l'on veut.

TEST

Que vous soyez au sommet de l'échelle sociale, que vous vivotiez à mi-chemin ou que vous cherchiez seulement à y poser un premier doigt de pied, ce test vous aidera à révéler si, sans le savoir ou non, vous comptez sur la manipulation pour y parvenir.

1. **Il n'y a pas de mal à raconter un pieux mensonge pour éviter les problèmes.**
   - ☐ Vrai
   - ☐ Faux
2. **Il est plutôt perspicace de flatter les gens importants qui sont en position de vous aider.**
   - ☐ Vrai
   - ☐ Faux
3. **Enfant, j'étais connu pour être un petit tyran.**
   - ☐ Vrai
   - ☐ Faux
4. **Dans ce monde mu par la compétition, presque tout – sauf être immoral – se justifie pour arriver à ses fins.**
   - ☐ Vrai
   - ☐ Faux
5. **La plupart des gens qui ont réussi mènent une vie saine et honnête.**
   - ☐ Vrai
   - ☐ Faux
6. **P. T. Barnum avait raison lorsqu'il disait : « Il y a un imbécile qui naît toutes les minutes. »**
   - ☐ Vrai
   - ☐ Faux
7. **Il est impossible de se conformer à toutes les règles si l'on veut réussir dans ce monde.**
   - ☐ Vrai
   - ☐ Faux

8. **La plupart des gens sont courageux.**
   - ☐ Vrai
   - ☐ Faux

9. **La plus grande différence entre ceux qui violent les lois et les autres, c'est que les premiers ne sont pas assez malins pour ne pas se faire prendre.**
   - ☐ Vrai
   - ☐ Faux

10. **Ne dites jamais à quelqu'un la vraie raison pour laquelle vous faites une chose, à moins que ça ne vous soit utile.**
    - ☐ Vrai
    - ☐ Faux

RÉSULTAT

Ce quiz est tiré du travail de Turner et Martinez. En d'autres termes, le test mesure votre « pouvoir de manipulation » ou vos tendances machiavéliques (voir plus bas pour plus d'informations sur Machiavel).

Accordez-vous 1 point pour chaque réponse identique.

1. *Vrai*

2. *Vrai*

3. *Vrai*

4. *Vrai*

5. *Faux*

6. *Vrai*

7. *Vrai*

8. *Faux*

9. *Vrai*

10. *Vrai*

3 points et moins : *Vous n'êtes pas manipulateur pour un sou et avez tendance à accueillir volontiers le point de vue de l'autre. Vous êtes pour l'harmonie et, parfois, renoncez un peu trop facilement à soumettre vos idées ou projets.*

De 4 à 6 points : *Vous vous débrouillez gentiment quand il s'agit de convaincre votre monde. Vous êtes dans la moyenne. Vous vous acharnez modérément pour mettre vos idées en avant, mais pas au point de briser les règles ou de manipuler les autres.*

7 points et plus : *Vous êtes un maître en la matière. Vous ne goûtez pas les règles de savoir-vivre en société, que vous jugez conformistes. Vous êtes un individualiste qui déteste se plier à l'avis de ses pairs.*
Selon les chercheurs de l'université de Columbia, vous êtes à la fois cool et distant. Vous pouvez parfois traiter les autres comme des objets. Si l'on parle bien de vous, il est temps de changer.

Le terme « machiavélique » se rapporte aux tactiques militaires, politiques et commerciales édictées par Nicolas Machiavel, écrivain et homme politique du XVIe siècle. Conseiller royal à la cour des Médicis, il préconisa l'usage de la tromperie et de la machination comme outils politiques. Comparé à ses autres idées, cet aspect immoral de ses doctrines a toujours éveillé le plus grand intérêt. Aujourd'hui, son nom est synonyme de pouvoir et de manipulation.

Vous n'avez pas besoin d'être un génie pour être machiavélique. La tendance à la manipulation n'a rien à voir avec le Q. I., comme le croient certains. Grands esprits et imbéciles peuvent être des pros de l'arnaque. La différence est que le manipulateur intelligent arrivera à ses fins plus facilement, tandis que le crétin aura plus de mal à dissimuler son véritable dessein. Les roublards supérieurs auront tendance à être crédibles et séducteurs. Leur cible privilégiée est la personne de Q.I. inférieur et à faible estime de soi, qui sera prise par surprise. Les grands manipulateurs réussissent lorsque leur proie est affolée et indécise. Les experts en langage corporel nous disent de ne pas voir les yeux fuyants comme un signe de mensonge. Au contraire, ceux qui ont l'expérience de la tromperie possèdent un regard plus fixe et ferme que les gens honnêtes. En outre, l'art de la manipulation ne mène pas directement à la psychopathologie ; nombre de personnes normales usent de tactiques pour arriver à leurs fins.

La tendance à la manipulation nous est vraisemblablement léguée par nos parents. Ce que confirment les docteurs F. Geis et Richard Christie dans leur livre *Studies in Machiavellianism* (« Études sur le machiavélisme »). Dans les foyers où les parents sont de grands manipulateurs, le seul enfant à échapper à cette influence est l'aîné, qui développe souvent des traits de caractère radicalement opposés à ces tactiques parentales. Et bien que cette tendance touche les deux sexes, les études montrent que les hommes sont plus manipulateurs que les femmes.

Souffrez-vous d'anxiété sociale ou vous sentez-vous plutôt à l'aise ?

L'acteur Robin Williams a un jour avoué que malgré ses nombreuses années d'expérience, il continuait à avoir le trac devant un nouveau public. L'anxiété sociale est un fardeau que tout le monde endure, depuis l'enfance jusqu'à un âge avancé. Nombreux sont ceux qui ne s'en débarrassent jamais, quoi qu'ils fassent, bien que certains aient appris à la camoufler plutôt bien.

Lorsque des situations sociales inattendues surgissent, jusqu'où monte votre angoisse ? Découvrez-le en remplissant ce test. Vous pouvez aussi demander à une personne de confiance de répondre aux propositions en fonction de ce qu'elle pense que vous répondriez. À la fin, comparez vos résultats.

TEST

Ce test va vous aider à évaluer si vous avez juste les paumes moites ou si vous souffrez d'une véritable anxiété sociale. Mesurez la tension ou l'inconfort que vous pourriez ressentir dans les situations suivantes.

1. **Être abordé par un policier.**
   a. Aucune tension
   b. Légèrement tendu
   c. Complètement tendu

2. **Dans une réunion inopinée avec des connaissances et des collègues de travail.**
   a. Aucune tension
   b. Légèrement tendu
   c. Complètement tendu

3. **Être assis dans la salle d'attente du médecin au milieu d'inconnus.**
   a. Aucune tension
   b. Légèrement tendu
   c. Complètement tendu

4. **Discuter d'une augmentation avec votre patron ou de votre note avec un professeur.**
   a. Aucune tension
   b. Légèrement tendu
   c. Complètement tendu

5. **Parler à une personne séduisante du sexe opposé que vous venez juste de rencontrer à une fête.**
   a. Aucune tension
   b. Légèrement tendu
   c. Complètement tendu

6. **Parler avec douceur à votre amoureux(se) au téléphone au milieu d'inconnus.**
   a. Aucune tension
   b. Légèrement tendu
   c. Complètement tendu

7. **Être en entretien pour un travail important.**
   a. Aucune tension
   b. Légèrement tendu
   c. Complètement tendu

8. **Débattre de politique, d'éthique ou de tout autre grand sujet général avec des amis.**
   a. Aucune tension
   b. Légèrement tendu
   c. Complètement tendu

9. **Être au milieu d'un nouveau groupe lorsque vous êtes le seul de votre nationalité, race ou religion.**
   a. Aucune tension
   b. Légèrement tendu
   c. Complètement tendu

10. **Tomber par hasard sur un ami alors que vous êtes en train de faire des achats potentiellement « embarrassants » (sous-vêtements, lingerie féminine, préservatifs...).**
   a. Aucune tension
   b. Légèrement tendu
   c. Complètement tendu

RÉSULTAT

Attribuez-vous 1 point pour chaque réponse « a », 2 points pour chaque « b » et 3 pour chaque « c ». Pour déterminer votre niveau d'anxiété sociale, référez-vous aux résultats ci-dessous.

De 24 à 30 points : *Vous souffrez d'anxiété sociale et êtes probablement trop inquiet de ce que les autres peuvent penser de vous. Trop de préoccupation portée sur votre impact sur les autres peut indiquer un fort sentiment d'insécurité personnelle ou une image de soi dégradée.*

De 18 à 24 points : *Vous faites preuve d'une sensibilité sociale raisonnable. Vous vous sentez accepté par les autres et êtes suffisamment satisfait de votre image pour vivre plutôt bien toute nouvelle situation sociale.*

De 10 à 17 points : *Vous êtes complètement sûr de vous et très à l'aise au milieu des autres. Vous pouvez même passer outre la façon dont ils vous perçoivent. Votre image de soi est à l'aune de vos propres normes personnelles et a très peu à voir avec les modèles de comportements jugés acceptables par la société.*

Selon les recherches de Mark Leary au sein de l'université de Denison (Granville, Ohio), l'une des plus grandes difficultés dans l'étude de l'anxiété sociale est qu'elle se manifeste de deux manières différentes : par l'auto-évalution de l'individu (mesuré par notre test), et par son comportement, comme se mettre en retrait, parler à voix basse ou rester passif.

La difficulté est qu'une personne peut souffrir d'anxiété sociale et tirer de la satisfaction à s'y enfermer. Les gens dotés de ces caractéristiques – catalogués « extravertis timides » par le docteur Philip Zimbardo de l'université de Stanford (Palo Alto, Californie) – ont appris à paraître sociables et détendus malgré leur angoisse. Les recherches montrent que moins vous avez d'estime de soi, plus grande est l'anxiété en présence des autres.

Cette constatation est également apportée par le travail des professeurs R. E. Glasgow et H. Arkowitz, mené au sein de l'université de l'Oregon, à Eugene, qui démontre que les grands phobiques sociaux tendent à peu fréquenter les autres. La principale raison de cette réticence est leur piètre perception d'eux-mêmes. Ces individus – les détenteurs d'un score bas à ce quiz – sont souvent qualifiés de « personnalités évitantes » en raison de leur sensibilité accrue face à l'humiliation et la désapprobation des autres, et leurs efforts importants pour éviter le monde extérieur afin de se protéger. L'anxiété sociale est un réel problème qui prévaut dans notre culture, et qui a amené la multiplication de ces cliniques pour timides, chargées d'aider les individus à se sentir mieux dans leur peau.

Êtes-vous populaire ?

Quand Groucho Marx déclarait avec sarcasme : « Jamais je ne voudrais faire partie d'un club qui accepterait de m'avoir pour membre », c'était une manière amusante de dire que son estime de soi était au niveau zéro. Heureusement, la plupart d'entre nous n'appartiennent pas à cette catégorie et nourrissent suffisamment de bons sentiments pour eux-mêmes pour se sentir raisonnablement heureux. L'acceptation sociale est un puissant moyen de gagner en amour de soi. C'est comme obtenir le vote de confiance des autres.

TEST

Êtes-vous populaire ? Le quiz suivant évaluera comment vous vous entendez avec les gens et/ou si vous avez le potentiel nécessaire pour améliorer vos aptitudes sociales.

1. **Le mois dernier, j'ai reçu au moins deux invitations.**
   - ☐ Vrai
   - ☐ Faux
2. **Mes amis recherchent mon opinion concernant leurs problèmes.**
   - ☐ Vrai
   - ☐ Faux
3. **Quand on me taquine, je ris avec les autres sans éprouver le moindre ressentiment.**
   - ☐ Vrai
   - ☐ Faux
4. **Quelques amis partagent avec moi leurs secrets intimes.**
   - ☐ Vrai
   - ☐ Faux
5. **Quand je suis dans l'embarras, ça ne me pose aucun problème de solliciter l'aide de mes amis.**
   - ☐ Vrai
   - ☐ Faux

6. Ces deux dernières années, j'ai activement participé à au moins deux groupes sociaux.
   - ☐ Vrai
   - ☐ Faux

7. Habituellement, je me fais de nouveaux amis grâce à ceux que je connais déjà.
   - ☐ Vrai
   - ☐ Faux

8. Je choisis d'être amical avec quelqu'un principalement sur la base d'intérêts communs.
   - ☐ Vrai
   - ☐ Faux

9. J'ai pris du retard dans l'une, au moins, de mes obligations sociales.
   - ☐ Vrai
   - ☐ Faux

10. Je n'aime pas dépendre des autres et je n'encourage pas les autres à dépendre de moi.
    - ☐ Vrai
    - ☐ Faux

RÉSULTAT

Accordez-vous 1 point pour chaque réponse identique.

1. *Vrai*

2. *Vrai*

3. *Vrai*

4. *Vrai*

5. *Vrai*

6. *Vrai*

7. *Vrai*

8. *Faux*

9. *Faux*

10. *Faux*

De 8 à 10 points : ***Vous êtes – ou avez le potentiel pour être – au-dessus de la moyenne en termes de popularité, et jouissez d'un large cercle d'amis.***

De 5 à 7 points : ***Comme la plupart d'entre nous, votre popularité est solidement ancrée dans la moyenne.***

De 0 à 4 points : ***Vous êtes plus « confidentiel » que populaire.***

Les psychologues voient dans les personnalités dites populaires des modérés qui acceptent sans nuance les attitudes et idées de leur groupe social. En faisant preuve de modération dans leurs points de vue, ils possèdent un talent social pour former des relations durables avec les autres.

Les travaux sur le motif de la popularité ne sont pas abondants, mais certains faits sont connus. Les gens populaires tendent à attirer les autres et sont souvent pris comme modèles. Ce sont souvent des leaders. Au travail, un patron populaire a un gros avantage sur celui qui ne l'est pas. Ses employés montreront moins d'absentéisme, un meilleur moral, moins de tension et seront plus productifs. Les personnes populaires tendent également à être nées plus tard dans la lignée familiale. Elles développent de meilleures aptitudes sociales car elles interagissent avec leurs aînés et consorts depuis plus longtemps.

Les garçons mal aimés compensent souvent en se battant avec leurs camarades et en les menaçant. Les filles, elles, agissent avec plus de légèreté afin d'être acceptées.

D'autres spécialistes ont montré que les enfants pouvaient accroître leur niveau de popularité. À l'école, les enfants apprennent à vivre ensemble, à écouter les autres et à respecter la place de chacun. Les enfants instruits s'intègrent mieux, se montrent plus attentionnés, écoutent plus attentivement lorsqu'on leur parle, autant de traits qui forgent le quotient de popularité. À l'échelle de l'adulte, l'interaction sociale est une aptitude – comme la lecture et l'écriture – qui peut s'apprendre par l'usage du multimédia, les discussions ou les groupes de conseil.

Savez-vous écouter ou êtes-vous du genre « cause toujours » ?

Il est dit que savoir bien écouter est un art. Mais vous rappelez-vous la dernière fois que vous avez parlé avec quelqu'un qui n'était pas complètement à la conversation ? Être un écoutant efficace ne consiste pas seulement à entendre ce qui est dit ; cela implique également, et surtout, de montrer votre intérêt et votre compréhension.

Une bonne communication entretient de bonnes relations humaines. Mais trop souvent, l'on note une rupture en bout de chaîne. Un premier exemple pourrait être ces parents désorientés lorsque leur adolescent décroche brusquement d'une conversation. Les parents ont toujours du mal à trouver le bon canal pour assurer un vrai dialogue et peuvent donc rarement profiter de cette expérience privilégiée. Selon Thomas Gordon, auteur de *Parent Effectiveness Training* (« Formation pour être un parent compétent »), les parents peuvent surmonter cette impasse en pratiquant l'écoute active de leur enfant. Cette technique peut également être appliquée dans des conversations entre adultes.

1. **Quand mes amis sont préoccupés, ils tendent à rechercher mon écoute bienveillante.**
   - ☐ Vrai
   - ☐ Faux

2. **Ça ne me dérange pas d'écouter les problèmes des autres.**
   - ☐ Vrai
   - ☐ Faux

3. **Dans une réception, je saute d'une conversation à l'autre, toujours persuadé qu'il y a plus intéressant ailleurs.**
   - ☐ Vrai
   - ☐ Faux

4. **Je me montre impatient avec quelqu'un qui tourne autour du pot.**
   - ☐ Vrai
   - ☐ Faux

5. J'ai tendance à finir les blagues ou les histoires que les autres racontent.
   - ☐ Vrai
   - ☐ Faux

6. Pendant que les gens me parlent, je suis moi-même en train de réfléchir à ce que je vais pouvoir leur dire.
   - ☐ Vrai
   - ☐ Faux

7. La plupart des gens sont de piètres compagnons de conversation.
   - ☐ Vrai
   - ☐ Faux

8. J'ai l'habitude de parler toujours plus que mon interlocuteur.
   - ☐ Vrai
   - ☐ Faux

9. Les gens répètent les choses toujours une fois ou deux lorsqu'ils me parlent.
   - ☐ Vrai
   - ☐ Faux

10. Je préfère parler plutôt qu'écouter.
    - ☐ Vrai
    - ☐ Faux

RÉSULTAT

Accordez-vous 1 point pour chaque réponse identique.

1. *Vrai*

2. *Vrai*

3. *Faux*

4. *Faux*

5. *Faux*

6. *Faux*

7. *Faux*

8. *Faux*

9. *Faux*

10. *Faux*

8 points et plus : ***On peut dire que vous êtes à l'écoute. Les amis viennent vous trouver en priorité lorsqu'ils ont à discuter d'un problème important, et vous êtes probablement « populaire » lors des réunions.***

De 5 à 7 points : ***Votre aptitude à l'écoute est dans la moyenne. Vous êtes comme la majorité des gens : quelquefois, vous êtes tout ouïe, à d'autres, votre esprit préfère battre la campagne. Rappelez-vous qu'il y a toujours une marge d'amélioration.***

De 0 à 4 points : ***Franchement, vous n'êtes pas de la meilleure compagnie. Vous avez tendance à décrocher plus souvent que vous n'écoutez vraiment. Lisez la section explication qui suit afin de trouver une voie d'amélioration.***

Pourquoi les conseillers avisés communiquent-ils mieux avec les gens que le simple profane ? Qu'est-ce que ces « professionnels » possèdent en plus pour aider ainsi les autres à « grandir » ? Le docteur Thomas Gordon appelle cela l'« écoute active ». Il a enseigné cette technique aux parents qui ont été « mis de côté » par leurs enfants, et a constaté que celle-ci pouvait être aussi bien appliquée aux cercles d'adultes qu'aux professionnels de l'environnement ou aux situations sociales.

La méthode de Gordon, transmise à plus de 100 000 parents, s'appuie sur les travaux du docteur Carl Rogers, créateur de l'Approche centrée sur la personne (ACP), qui prouve qu'une écoute active favorise l'apparition ou l'amélioration de l'empathie, élément essentiel des relations humaines. L'écoute active implique de pénétrer la perception du monde de celui qui s'exprime, et de voir les choses de son point de vue. Cela signifie de prêter attention aux sentiments souterrains qui s'expriment plutôt qu'à l'énoncé.

Par exemple, si un enfant dit d'un air abattu : « Est-ce que mon ami va venir jouer avec moi aujourd'hui ? » il serait partiellement adapté de répondre simplement par « Non, il doit aller chez le dentiste ». De cette manière, vous passez à côté de sentiments plus profonds. En usant de l'écoute active, vous devriez répondre plutôt : « Je sais que tu es déçu que ton ami ne puisse pas venir aujourd'hui, mais ne sois pas triste. Prévoyons autre chose avec lui pour demain. » L'écoute active permet de toucher immédiatement le cœur du problème.

Pour vous entraîner à une meilleure écoute, prenez en compte ces trois points :

1. Engagez-vous à prêter une oreille attentive.
2. Étudiez le sujet et entraînez-vous à l'écoute active.
3. Déterminez quelles sont vos mauvaises habitudes en reprenant ce test.

Savez-vous être attentionné ?

Vous rappelez-vous le bien-être que vous avez ressenti quand quelqu'un s'est proposé de porter vos sacs, de retenir la porte pour vous laisser entrer ou vous autoriser à passer devant lui dans une file d'attente ? Dans un monde chaotique, ces petites faveurs accordées par de parfaits inconnus vous rappellent que le jeu des politesses sociales est toujours bénéfique et revigorant. Mais nous, humains, sommes des êtres versatiles, et pour que nous nous décidions à aider quelqu'un, toute une série de conditions peuvent entrer en ligne de compte. Notre rapport à l'affliction, notre humeur ou même la météo sont des facteurs qui influent sur notre décision. L'âge même de la personne à aider peut influencer notre générosité. Lors d'une expérience au sein de la Nouvelle école pour la recherche sociale (New School for Social Research) de New York, des sujets qui ne se doutaient de rien ont été soumis à une série de situations où ils devaient porter assistance à quelqu'un. Les résultats montrèrent que les personnes âgées étaient plus volontiers soutenues que les gens d'âge moyen ou plus jeunes. Cette expérience fit également ressortir que l'on aidait plus spontanément les femmes que les hommes, les jolies femmes que les femmes quelconques, les gens bien habillés que ceux à l'apparence négligée.

Et puis il y a d'autres facteurs – stimulants ou inhibiteurs – plus subtils, qui font appel au meilleur ou au pire de nous-mêmes. Si nous avons une bonne image et que nous nous percevons comme quelqu'un de serviable, il sera sans doute plus facile de tendre la main. Mais nous serons moins disposés si d'autres personnes nous regardent ou s'il y a beaucoup de bruit (métro, marteau-piqueur…).

TEST

Voici une série de questions qui mesureront votre prévenance. Répondez par « Oui » ou par « Non » à chacune d'elles. Soyez honnête !

1. **Au moment de payer vos factures, écrivez-vous le numéro de votre compte client sur vos chèques quand cela vous est demandé ?**
   - ☐ Oui
   - ☐ Non

2. Quand vous rencontrez quelqu'un, vous débrouillez-vous pour qu'il n'ait pas le soleil dans les yeux ?
   - ☐ Oui
   - ☐ Non

3. Quand une serveuse débarrasse la table, l'aidez-vous en lui tendant les éléments difficilement accessibles ?
   - ☐ Oui
   - ☐ Non

4. Lorsque vous vous arrêtez dans la rue pour parler avec quelqu'un, retirez-vous vos lunettes de soleil ?
   - ☐ Oui
   - ☐ Non

5. À la maison, lorsque vous avez fini de lire un journal ou un magazine, le remettez-vous soigneusement à sa place ?
   - ☐ Oui
   - ☐ Non

6. Quand vous prenez un fruit dans sa corbeille, choisissez-vous le plus abîmé ?
   - ☐ Oui
   - ☐ Non

7. Remettez-vous votre chaise lorsque vous quittez une table de restaurant ?
   - ☐ Oui
   - ☐ Non

8. Vous brossez-vous les dents avant d'aller voir le dentiste ?
   - ☐ Oui
   - ☐ Non

9. Hésitez-vous à prendre le dernier gâteau apéritif sur le plateau ?
   - ☐ Oui
   - ☐ Non

10. Lorsque vous achetez un petit article, l'emportez-vous tel quel, afin d'éviter l'emballage au vendeur ?
   - ☐ Oui
   - ☐ Non

11. À la caisse du magasin, présentez-vous le code-barres ou l'étiquette au vendeur ?
   - ☐ Oui
   - ☐ Non

12. Lorsque vous composez un mauvais numéro, raccrochez-vous sans rien dire ?
   - ☐ Oui
   - ☐ Non

RÉSULTAT

Accordez-vous 1 point pour chaque réponse identique.

1. *Oui*

2. *Oui*

3. *Oui*

4. *Oui*

5. *Oui*

6. *Oui*

7. *Oui*

8. *Oui*

9. *Oui*

10. *Oui*

11. *Oui*

12. *Non*

8 points ou moins : *Vous êtes très attentionné et n'hésitez pas à tendre la main à la moindre occasion.*

De 5 à 7 points : *Votre propension à la prévenance est dans la moyenne. Vous offrirez votre aide si on vous la demande mais ne penserez pas forcément à la proposer.*

De 0 à 4 points : *Vous montrez peu d'intérêt à vouloir aider les gens. Vous semblez oublieux des besoins des autres. Essayez de porter attention à ceux qui vous entourent.*

En psychologie, faire une bonne action relève d'un processus de « conformité sociale », et souvent la réponse apportée dépendra de la manière dont une faveur aura été demandée. Les chercheurs ont constaté que les gens se soumettent plus facilement si le demandeur exprime clairement son besoin et s'il avance une raison plausible. Lorsque vient le moment de prendre la bonne décision, nous sommes guidés par une formule simple : demande + raison = plus grande soumission.

Par exemple, si vous demandez à couper une file d'attente, vous recevrez un meilleur accueil si vous expliquez que votre enfant ne se sent pas très bien et que vous voudriez rentrer chez vous le plus vite possible. En outre, la soumission à une demande a un effet multiplicateur. Les chercheurs du Manhattanville College (Purchase, New York) ont étudié le comportement des clients d'un grand magasin et ont constaté que ceux-ci tendaient à être volontiers serviables si la demande était accompagnée d'un large sourire.

Notre réactivité aux besoins d'autrui se construit durant l'enfance au contact de nos modèles. L'Institut national de la santé mentale (Washington, D. C.) a montré que les bébés d'un an étaient capables de réconforter ceux qui pleuraient. Vous pouvez devenir plus attentionné si vous vous obligez à prendre davantage conscience des gens qui vous entourent, et si vous faites preuve, au quotidien, de bienveillance, qui rend les relations humaines plus douces.

Êtes-vous du genre dominant ?

Il semble que, quelles que soient les circonstances d'une rencontre entre deux personnes, la question de savoir qui domine se pose d'emblée, souvent de manière très subtile. Entre étudiants, qui a les meilleures notes ? Entre cadres dirigeants, qui gagne plus et a le plus grand bureau ? Entre deux jeunes garçons, qui est le plus fort ? Parmi les animaux, l'affaire est claire. Les oiseaux, en particulier, évaluent la taille de chacun avant de décider qui ils vont mener par le bout du bec.

Domination/soumission sont probablement les interactions les plus basiques qui soient entre les créatures, grandes et petites. Dans la culture occidentale, le comportement de soumission n'est pas récompensé. Nous avons tendance à pousser nos enfants vers toujours plus d'opportunisme et d'arrivisme, et des expressions telles que « Il ne faut jamais abandonner » reflètent notre croyance dans la domination sociale.

TEST

Où vous situez-vous sur l'échelle dominant/soumis ? Le quiz suivant peut vous apporter la réponse.

1. **Je serais prêt à duper un point de contrôle sans me sentir gêné le moins du monde.**
   ☐ Vrai
   ☐ Faux

2. **J'ai interpellé et questionné avec rudesse un intervenant en public.**
   ☐ Vrai
   ☐ Faux

3. **Je me sentirais gêné de réprimander un ouvrier qui n'aurait pas terminé un travail demandé.**
   ☐ Vrai
   ☐ Faux

4. Je me sentirais intimidé de devoir entamer une conversation avec un inconnu.
   - ☐ Vrai
   - ☐ Faux

5. Ça ne me gêne pas de présenter les gens les uns aux autres lors de réunions.
   - ☐ Vrai
   - ☐ Faux

6. Je peux couper une file d'attente sans me sentir coupable.
   - ☐ Vrai
   - ☐ Faux

7. Quand je conduis, ça ne m'ennuie pas de suivre une longue file de véhicules.
   - ☐ Vrai
   - ☐ Faux

8. Lorsque je dîne avec des amis, je serais capable de me plaindre si le serveur m'apporte une portion de nourriture trop réduite.
   - ☐ Vrai
   - ☐ Faux

9. Quand je suis en froid avec une personne, je ne lui téléphone pas. J'attends plutôt qu'elle m'appelle d'abord.
   - ☐ Vrai
   - ☐ Faux

10. J'adore expliquer aux gens comment faire les choses.
    - ☐ Vrai
    - ☐ Faux

RÉSULTAT

Accordez-vous 1 point pour chaque réponse identique.

1. *Vrai*

2. *Vrai*

3. *Faux*

4. *Faux*

5. *Vrai*

6. *Vrai*

7. *Faux*

8. *Vrai*

9. *Vrai*

10. *Vrai*

De 0 à 4 points : *Vous êtes plus apte à la soumission qu'à la domination. Si vous appréciez ce style de vie paisible, très bien. Mais si vous vous sentez malheureux dans ce schéma relationnel, commencez déjà par être plus assuré dans vos prises de position. Le caractère dominant peut être renforcé par l'entraînement, une tendance qui s'est développée dans les années 1960 – période de contestations et de libertés arrachées à haut prix – et persiste encore aujourd'hui.*

De 5 à 7 points : *Vous avez des tendances à la domination et à la soumission relativement équilibrées. Vous êtes sans doute capable de réagir au cas par cas.*

De 8 à 10 points : *Vous êtes un dominant redoutable. Si les gens acceptent cela de vous et vous suivent (de nombreux leaders sont de grands dominants), alors vous devriez être heureux. Toutefois, si votre aptitude à la domination est source de frictions dans vos interactions quotidiennes, il est peut-être temps de mettre la pédale douce, de cultiver votre empathie et de laisser les autres gagner quelques points de temps à autre.*

La personnalité dominante est-elle innée ou acquise ? Voilà une question qui a titillé l'esprit des scientifiques pendant longtemps. Parmi les animaux, il s'agit d'un trait héréditaire. Chez les humains, les gènes ne semblent jouer qu'un rôle mineur dans notre prédisposition à l'audace ou la timidité. Ils subissent surtout l'influence de notre famille et de nos pairs.

Nulle part l'interaction entre dominant et soumis n'a été mieux étudiée qu'au sein du mariage, l'association humaine la plus interdépendante qui soit. Ici, l'un des époux fait souvent pencher la balance dominant/soumis de son côté. Mais n'y voyons aucun totalitarisme, aussi longtemps que régneront le respect mutuel et l'amour, les époux seront généralement heureux d'accepter cette configuration. Dans le même temps, les enfants adopteront les mêmes attitudes que leurs parents. Ils copient le modèle parental et l'admettront comme norme quand ils seront eux-mêmes mariés. Les études menées sur les familles par le docteur Hazell Ingersoll au sein de l'université Cornell (Ithaca, New York) ont montré que les garçons ayant un père dominant tendaient à suivre ses pas quand ils fondaient eux-mêmes un foyer. De même, si une petite fille a grandi avec une mère timide elle aura recours à un tel comportement lorsqu'il s'agira d'affronter un conflit.

Un détail intéressant concernant le caractère dominant est lié à l'ordre des naissances. Un fils unique aura tendance à être dominant à l'égard de ses petits camarades. Dans les foyers où il y a plus d'un enfant, toutefois, le trait dominant est plus aléatoire parmi la progéniture. Bien entendu, les personnes ne sont pas uniquement dominantes ou soumises. Notre comportement dépend de nombreux facteurs : les gens près de nous, notre relation à eux, l'humeur du moment, les circonstances présentes, et ce que les autres attendent de nous, entre autres choses.

CHAPITRE 5

Au travail

Seriez-vous un patron à l'écoute ?

De nos jours, le mécontentement au travail est un sentiment courant, allant jusqu'à 70 % dans certaines branches industrielles. Sur un marché de l'emploi resserré, la tendance est même sans doute plus haute. La plupart du temps, les employés sont contrariés parce qu'ils se sentent incompris par ceux qui les dirigent. Souvent, ceux-ci ne savent pas lire les signaux envoyés régulièrement et de manière de plus en plus aiguë par leurs salariés. Plus encore, parce que nombre de directeurs, chefs d'équipe et autres managers sont plus attachés au travail lui-même qu'aux individus avec lesquels ils collaborent, les réactions à la grogne sociale sont alors bien souvent inappropriées.

Si vous travaillez pour une société, il y a des chances pour que vous ayez été traversé à plusieurs reprises par l'envie de tout plaquer. Ou peut-être avez-vous imaginé comment vous feriez un bien meilleur P.-D.G. Disons alors que par un coup de baguette magique, vous vous retrouviez à la tête de votre entreprise ou de votre département. Comment vous conduiriez-vous ? Seriez-vous assez fin pour identifier les symptômes d'un mécontentement de vos employés avant que les choses s'enveniment ? Votre jugement de dirigeant devrait être influencé par ce que vous percevez de vos employés et par ce que vous croyez être important pour eux.

TEST

Voici dix propositions relatives au bonheur dans le travail. Quel genre de patron seriez-vous ?

1. **Les hommes aiment leur travail plus que les femmes.**
   - ☐ Vrai
   - ☐ Faux

2. **Si un travailleur est mécontent, il produira moins.**
   - ☐ Vrai
   - ☐ Faux

3. **La satisfaction au travail tend à croître avec l'âge.**
   - ☐ Vrai
   - ☐ Faux

4. **Les hommes ont tendance à faire confiance à leurs supérieurs pour nourrir leur satisfaction d'être au travail, plus que ne le font les femmes.**
   - ☐ Vrai
   - ☐ Faux

5. **Les nouveaux employés montrent souvent plus d'enthousiasme au travail.**
   - ☐ Vrai
   - ☐ Faux

6. **La plupart du temps, l'augmentation de salaire accroît l'ardeur au travail des employés.**
   - ☐ Vrai
   - ☐ Faux

7. **Comparés aux employés ultra-performants, les moins productifs gagneraient en efficacité si vous valorisiez leur travail.**
   - ☐ Vrai
   - ☐ Faux

8. **Plus le travailleur est intelligent, plus il tendra à être satisfait.**
   - ☐ Vrai
   - ☐ Faux

9. **L'insatisfaction dans le travail augmente avec le niveau de responsabilité.**
   - ☐ Vrai
   - ☐ Faux

10. **Les heures et les conditions de travail ne sont généralement pas des facteurs importants de satisfaction.**
    - ☐ Vrai
    - ☐ Faux

RÉSULTAT

Un quiz difficile, alors préparez-vous à quelques surprises. Accordez-vous 1 point pour chaque réponse identique. Toutes les propositions sont extraites d'enquêtes menées dans le cadre industriel.

1. *Faux*

2. *Faux*

3. *Faux*

4. *Faux*

5. *Faux*

6. *Faux*

7. *Vrai*

8. *Vrai*

9. *Faux*

10. *Vrai*

Un score de 5 est la moyenne. Tout résultat au-dessus indique que vous avez une compréhension aiguë de ce qui rend un travailleur heureux.

Les études majeures portant sur la satisfaction dans le travail aux États-Unis remontent au lendemain de la Seconde Guerre mondiale. Le National Labor Relations Board (« Comité National des Relations dans l'Entreprise »), un organisme de recherche à but non lucratif, rendit une étude particulièrement étendue en 1947. Globalement, il constata que les instances de direction n'avaient qu'une très vague idée de ce que les travailleurs considéraient comme les aspects les plus satisfaisants de leurs tâches.

Par exemple, la direction se focalise plus sur les salaires que ne le font les travailleurs. Au sein d'une liste regroupant les dix aspects les plus importants d'un travail, les employés rangeaient le salaire à la troisième place, tandis que leurs supérieurs persistaient à croire qu'ils s'agissaient du facteur numéro un de satisfaction. Les travailleurs considéraient la sécurité de l'emploi comme le point le plus important, tandis que leur encadrement la plaçait à la seconde position. De même, les employés portaient plus haut les opportunités d'évolution que ne le faisaient leurs dirigeants. Le désaccord le plus large entre les deux parties venait de l'importance accordée aux bénéfices secondaires de l'emploi (sécurité sociale, droits et avantages divers) : les employés y voyaient leur quatrième préoccupation tandis que la direction les renvoyait à la huitième place.

Et comme si ces disparités dans les valeurs du travail n'étaient pas suffisantes à creuser l'écart entre travailleurs et patrons, un rapport du département de la Santé, de l'éducation et des services sociaux, intitulé *Work in America* (« Travailler en Amérique », 1973), pointa d'autres facteurs jusque-là ignorés. Ainsi, l'étude conclut que la frustration du travailleur n'est que partiellement due à une carence en management ou à ses conditions de travail. L'aliénation par le travail est également liée à une variété de problèmes sociaux, tels que la santé physique et mentale, la stabilité familiale et l'intégration à la communauté.

Aussi, étant donné tous ces éléments, il est clair qu'un patron désireux de rendre ses employés heureux doit jongler avec de nombreux facteurs. Vous pensez toujours en être capable ?

Votre job satisfait-il toutes vos attentes ?

La satisfaction d'un seul et unique travail attaché à toute une vie est une chose très rare. Près de 70 % des travailleurs et autres employés sont mécontents de ce qu'ils font au quotidien et désireraient un changement. Pour les 30 % restants, il y a une raison significative à leur fidélité : ils aiment travailler parce que leurs besoins les plus profonds sont satisfaits et leurs manières d'être et de penser sont respectées. Malheureusement, la plupart des gens ne prennent pas en compte leur dynamique psychique avant de choisir un travail. Nous irions tous mieux si nous avions la possibilité de le faire.

Alan Rowe – professeur en management à l'université de Californie du Sud, à Los Angeles – a révélé plusieurs facteurs cruciaux liés à un ajustement heureux avec son travail. Il a identifié quatre modes de pensée de base. Lorsque nous parvenons à associer ces schémas à ce que requiert notre travail, nous avons de bonnes chances de vivre en parfaite harmonie avec notre job.

Si vous vous sentez malheureux à votre poste et vous vous demandez si un changement vous aiderait à mieux exploiter votre potentiel, ce quiz peut vous aider. Il s'appuie sur un test conçu par Alan Rowe après six années de recherches, et il révèle si vous et votre travail êtes faits l'un pour l'autre.

TEST

Pour chacune des dix propositions ci dessous, choisissez deux réponses parmi les choix proposés. Écrivez le nombre 2 à côté de votre option préférée, et le nombre 1 près de votre second choix. (Vous pouvez vous aider d'un tableau composé de quatre colonnes verticales a, b, c et d, et de dix colonnes horizontales figurant les dix propositions ; ainsi, pour chaque situation, placez simplement le 2 et le 1 dans la bonne case.)

1. J'aime les emplois qui :

a. Offrent de la variété
b. Impliquent les gens
c. Autorisent l'initiative
d. Sont techniques et bien définis

2. **Mon principal objectif est :**
   a. D'être le meilleur dans mon domaine
   b. De me sentir en sécurité à mon poste
   c. D'obtenir de la reconnaissance pour mon travail
   d. D'obtenir une bonne position

3. **Quand je suis face à un problème :**
   a. Je fais une analyse précise
   b. Je compte sur mon intuition
   c. Je cherche une solution originale
   d. Je m'accroche à des solutions éprouvées

4. **Quand je ne suis pas sûr de ce que je dois faire :**
   a. Je cherche des informations
   b. Je repousse la prise de décision
   c. J'envisage un éventuel compromis
   d. Je compte sur mes pressentiments et intuitions

5. **Autant que possible, j'évite :**
   a. Le travail inachevé
   b. Les conflits avec les autres
   c. L'usage des chiffres et formules
   d. Les longs débats

6. **Dans les réunions syndicales, généralement :**
   a. Je pense à ce qui est en train de se dire
   b. J'écoute les conversations
   c. J'observe ce qui se passe
   d. Je parle avec les autres

7. **Je suis doué pour me rappeler :**
   a. Les lieux où j'ai rencontré les gens
   b. La personnalité des gens
   c. Le visage des gens
   d. Le nom des gens

8. Les autres me considèrent comme :

a. Discipliné et précis
b. Encourageant et doué de compassion
c. Imaginatif et perfectionniste
d. Agressif et dominateur

9. Je déteste :

a. Le travail ennuyeux
b. Être rejeté
c. Suivre les règles
d. Perdre le contrôle sur les autres

10. Je suis spécialement bon pour :

a. Résoudre les problèmes difficiles
b. Interagir avec les autres
c. Envisager toutes les possibilités
d. Me rappeler dates et événements

RÉSULTAT

Évaluez les valeurs de chaque lettre. Les deux lettres marquées des plus hauts scores correspondent à vos deux modes de pensée principaux, tels qu'ils sont définis dans la section explication.

A. *Analytique*. Les personnes analytiques sont les meilleures pour résoudre les problèmes. Elles ont le désir ardent de trouver les meilleures réponses possible. Elles examinent tous les détails et gèrent un grand nombre de données. Elles sont innovatrices, créatives et aiment la variété.

B. *Comportemental*. Ces personnes ont besoin de contacts humains. Elles sont empathiques, font peu appel aux données pour prendre une décision, préférant aborder le sujet directement avec les autres. Elles communiquent facilement et préfèrent user de la persuasion, plutôt que la pression, pour remporter l'adhésion des autres.

C. *Conceptuel*. Les personnes conceptuelles sont larges d'esprit et aiment avoir une « vue d'ensemble ». Elles sont tournées vers l'avenir et l'accomplissement, et tendent à être indépendantes, humanistes et créatives.

D. *Directif*. Les gens directifs sont des chefs d'équipe autoritaires. Ils ont besoin de pouvoir et cherchent les résultats. Ils agissent chaque fois de manière décisive et définitive, et sont les gardiens des règles et de l'ordre. Ils parlent beaucoup et font confiance à leur intuition.

Ces motifs esquissent le type de travail qui peut convenir le mieux à une personne. Ceux qui sont dans les affaires, par exemple, tendent à obtenir de grands scores dans les catégories Analytique et Directif. Ils aiment à envisager toutes les options et développent de larges perspectives pour leur entreprise. Les techniciens, ingénieurs, scientifiques et autres professions similaires sont plus analytiques et directifs. Ils aiment résoudre les problèmes logiquement, travailler avec les chiffres et trouver des réponses mathématiques et scientifiques.

Ceux qui travaillent dans le social et l'humanitaire, tels les infirmières, les docteurs, les travailleurs sociaux, combinent les caractères conceptuel et comportemental. Ils aiment être en contact avec les gens et cherchent à comprendre les affaires humaines. Les personnes analytico-comportementales se retrouvent volontiers dans les métiers éducatifs ou juridiques, tandis que les comportementalo-directifs se plaisent dans le domaine de la vente ou la politique.

Le plus haut score atteignable dans chaque catégorie est 50, mais peu de personnes y parviennent. Plus vous approchez de ce chiffre, plus cette caractéristique est forte en vous. Comparez votre mode de pensée principal à vos responsabilités professionnelles actuelles et mesurez ainsi votre satisfaction.

Quel est votre rapport à l'argent ?

L'argent... L'Histoire est pleine de guerres d'intérêts, les religions le dénoncent comme un élément fondamental de perdition pour l'âme, et nombre de crimes ont été commis en son nom. D'une manière ou d'une autre, l'argent est un moteur puissant. Quand il s'invite à la table, bien peu savent y résister.

Quelle que soit notre situation financière, nous avons tous un « rapport à l'argent » particulier. Il existe trois profils de base, parmi lesquels vous vous reconnaîtrez sans doute.

Les dépensiers compulsifs : Ce groupe se sent mal à l'aise avec l'idée de posséder de l'argent. Ils croient que l'accumulation de biens va de pair avec des désagréments inévitables découlant de la gestion qu'ils impliquent. Cette idée génère de l'anxiété. Les dépensiers se sentent émotionnellement en sécurité lorsqu'ils sont libres de dépenser. À travers l'achat et la possession, ils gagnent en assurance et sérénité.

Les thésauriseurs compulsifs : Les extrémistes de l'économie conçoivent l'argent comme une extension de leur ego et, pour eux, dépenser de l'argent c'est perdre un peu d'eux-mêmes. Ils ont une conduite maladive qui les pousse à garder et à protéger leur argent comme s'il s'agissait de leur propre sang.

Les joueurs compulsifs : Ces personnes sont des adeptes de la pensée magique, celle-là qui leur fait croire qu'ils peuvent gagner l'univers s'ils y croient assez fort. Pour eux, remporter le gros lot, jouer à la roulette, s'engager dans la spéculation ou le boursicotage symbolise l'immortalité.

TEST

Quel est votre rapport à l'argent ? Le quiz suivant mesure votre profil.

1. Être riche signifie être puissant.

- ☐ Vrai
- ☐ Faux

2. La conclusion c'est que l'argent est le symbole ultime de la réussite.

- ☐ Vrai
- ☐ Faux

3. J'aime acheter les produits les plus haut de gamme.
   - ☐ Vrai
   - ☐ Faux

4. J'utilise souvent l'argent pour pousser les autres à faire ce que je veux.
   - ☐ Vrai
   - ☐ Faux

5. Quand je découvre que je gagne plus que quelqu'un que je croyais mieux payé que moi, je suis content.
   - ☐ Vrai
   - ☐ Faux

6. J'aime dire aux gens combien j'ai dépensé pour un produit cher, même s'ils ne me le demandent pas.
   - ☐ Vrai
   - ☐ Faux

7. On m'a dit que je me vantais de l'argent que je gagne.
   - ☐ Vrai
   - ☐ Faux

8. Je me sens flatté lorsque des gens reconnaissent une marque de prestige dans ce que je possède.
   - ☐ Vrai
   - ☐ Faux

9. J'essaie de savoir qui gagne plus que moi.
   - ☐ Vrai
   - ☐ Faux

10. Je me surprends à admirer ceux qui ont plus d'argent que moi.
    - ☐ Vrai
    - ☐ Faux

11. **Quand je fais du shopping, je pense fréquemment à ce que les autres peuvent penser de la qualité de mes achats.**
    - ☐ Vrai
    - ☐ Faux

12. **J'aime vraiment ça quand on me félicite de mes achats dispendieux.**
    - ☐ Vrai
    - ☐ Faux

RÉSULTAT

Accordez-vous 1 point pour chaque réponse « Vrai ».

De 10 à 12 points : *Vous pensez que l'argent est synonyme de pouvoir et de prestige, deux valeurs qui comptent beaucoup pour vous. La reconnaissance de l'extérieur et le regard des autres sont vitaux pour vos sentiments d'importance et de réussite. Vous pouvez regarder avec condescendance ceux que vous pensez être moins bien lotis en termes financiers, et refuser leur amitié pour cette raison. Vous gagneriez à adoucir votre comportement.*

De 6 à 9 points : *Vous avez une tendance modérée à utiliser l'argent pour le gagner en pouvoir et réussite. Vous satisfaites probablement ces besoins par le biais d'autres canaux tels l'accomplissement personnel et les amitiés, petites et grandes.*

De 0 à 5 points : *Peu importe combien vous avez en poche, vous n'utilisez pas votre argent pour briller auprès des autres. Vous évaluez les autres – et vous-même – au travers de leurs qualités intrinsèques, non leur or. Si vous voulez gagner de l'argent, c'est pour autre chose que la gloire et la puissance.*

Ce quiz est basé sur les recherches conduites par K. T. Yamauchi et D. I. Templer de l'École californienne de psychologie professionnelle (Fresno). Dans leur étude pour développer une échelle mesurant les attitudes face à l'argent, Yamauchi et Templer ont testé 300 personnes de niveaux économiques variés. Le quiz bouscule légèrement notre tendance à voir essentiellement l'argent comme un moyen d'accéder au pouvoir social et au prestige.

Sous un certain angle, les attitudes à l'égard de l'argent sont un révélateur important en termes de compatibilité matrimoniale. Si vous êtes mariés – ou projetez de l'être – et que vous et votre conjoint avez des approches différentes concernant l'argent, les ennuis ne sont peut-être pas si loin. Il a été noté que les querelles de couples les plus fréquentes tournent autour de l'argent ; il s'agit également de la cause numéro un de divorces. Cette faille doit généralement plus à la personnalité de celui/celle qui a le pouvoir de l'argent dans le couple, plutôt qu'à l'argent lui-même. Il peut être bénéfique pour ces couples de comparer leur approche de l'argent avant de se marier, et d'aborder le sujet sereinement.

Êtes-vous taillé pour la réussite ?

Votre carrière ne vous satisfait pas ? Pensez-vous que vous pourriez faire mieux ? Si oui, vous demandez-vous parfois ce qui vous retient ?

Les professionnels du recrutement constatent régulièrement qu'une carrière réussie est fortement dépendante d'un ensemble précis d'attitudes, d'habitudes et de traits de personnalité. Si vous avez une belle expérience derrière vous, vous possédez sans doute tout le potentiel dont peut rêver un employeur. Mais si vous en êtes encore à construire votre profil, vous gagneriez à connaître les principaux traits que les décideurs aiment et recherchent.

TEST

Le quiz suivant va mesurer votre capacité à cerner les facteurs de réussite dans le travail.

1. **J'arrive à l'heure au travail.**
   a. Rarement
   b. Quelquefois
   c. Souvent

2. **Je fais tout ce que je peux, chaque jour, pour remplir ma journée de travail.**
   a. Rarement
   b. Quelquefois
   c. Souvent

3. **J'étudie un autre moyen pour aller au travail en cas de grève des transports.**
   a. Rarement
   b. Quelquefois
   c. Souvent

4. **Au travail, je me sens fatigué et parfois même malade, et souvent je rêve d'un bon petit somme.**
   a. Rarement
   b. Quelquefois
   c. Souvent

5. **Je m'entends bien avec mes collègues et mon patron.**
   a. Rarement
   b. Quelquefois
   c. Souvent

6. **J'accepte la surveillance et les règles, sans résistance ni opposition, à moins que la situation ne justifie une discussion.**
   a. Rarement
   b. Quelquefois
   c. Souvent

7. **J'ai suffisamment d'instruction, d'expérience et de savoir-faire pour le poste que j'occupe.**
   a. Rarement
   b. Quelquefois
   c. Souvent

8. **Je fais preuve de loyauté et de respect envers mon entreprise et ses produits.**
   a. Rarement
   b. Quelquefois
   c. Souvent

9. **Mon hygiène et mon apparence sont toujours appropriées et impeccables.**
   a. Rarement
   b. Quelquefois
   c. Souvent

10. Mon comportement fait preuve d'éthique, d'humilité et de courtoisie.

a. Rarement
b. Quelquefois
c. Souvent

RÉSULTAT

Attribuez-vous 1 point pour chaque réponse « a », 2 points pour chaque « b » et 3 pour chaque « c ».

De 24 à 30 points : *Vous possédez tous les atouts que les employeurs recherchent.*

De 17 à 23 points : *Vous êtes dans la moyenne et devriez faire aussi bien que la grande majorité de vos pairs.*

De 10 à 16 points : *Il vous manque nombre de traits nécessaires à une bonne évolution de carrière, et votre employeur l'a sans doute remarqué. Vous pourriez en apprendre un peu plus en lisant un ou deux livres sur les meilleures méthodes pour gravir les échelons de votre entreprise. Vous pourriez aussi partager vos réponses avec un ami qui vous aiderait alors à aborder vos points faibles.*

Ce quiz consiste en une dizaine de traits fondamentaux contribuant à la réussite d'un bon recrutement, tel que l'imaginent la plupart des patrons. Ils ont été compilés en 2000 dans le cadre d'une enquête menée auprès de plusieurs milliers d'entreprises américaines. Voici une explication approfondie de chaque élément.

1. Étonnamment, de nombreuses heures de travail sont gâchées par ceux qui estiment acceptable d'arriver quelques minutes en retard. Les employés sont particulièrement furieux de l'exemple que ces salariés offrent à tous ceux qui font l'effort d'arriver à l'heure.

2. Presque tous les hommes d'affaires interrogés dans cette enquête ont clamé haut et fort leur attachement à l'équation de principe : 1 journée pleinement travaillée = 1 journée pleinement payée. Certains employés sont passés maîtres dans l'art de faire semblant d'être occupés quand quelqu'un les regarde.

3. Les travailleurs valeureux sont ceux qui savent pallier les situations d'urgence – panne de voiture, grève des transports – et parviennent à respecter leurs horaires coûte que coûte.

4. Les entreprises perdent des millions chaque mois en raison des arrêts maladie. Ainsi, de telles absences peuvent ruiner vos chances de promotion. C'est un sujet sensible pour les employeurs. En conséquence, certaines firmes offrent des programmes « bien-être » afin de promouvoir la bonne santé mentale et physique. Apparemment, les données prouvent que ces initiatives améliorent les productivités de manière significative.

5. Un large pourcentage de ceux qui échappent à la promotion ou qui sont licenciés échouent à cause de leur incapacité à s'entendre avec leurs collègues et supérieurs. Le travail « coule » mieux entre personnes compatibles.

6. Malheureusement, nombre d'employés qui vont à l'affrontement n'ont pas résolu leur vieux conflit contre l'autorité. Au fond, ils sont restés de grands adolescents en révolte contre le système et résistant à toutes formes de règles établies. Les adultes matures, eux, montrent de la souplesse et ne sentent pas humiliés lorsqu'il s'agit d'obéir au patron.

7. Instruction et formation sont les minimums requis pour la plupart des emplois. Êtes-vous de ceux qui sont prêts à reprendre le chemin de l'école pour améliorer leurs compétences ? (Par exemple, en suivant des cours d'informatique, de gestion ou de secrétariat ?)

8. Si vous ne pouvez honnêtement défendre les couleurs de votre entreprise, il sera sans doute difficile d'accomplir votre travail avec tout votre cœur. Réfléchissez à deux fois avant de vous engager pour une marque que vous aurez du mal à aimer entièrement.

9. Le genre de « bonne tenue » défendue par l'employeur varie d'un job à l'autre. Les réceptionnistes, par exemple, doivent être bien habillé(e)s, propres et séduisant(e)s, tandis que les employés de bureau – et autres salariés dans l'ombre – peuvent s'accommoder de tenues plus courantes. Mais quel que soit le poste, l'apparence est un puissant facteur d'évaluation aux yeux de votre patron.

10. Les compagnies dépensent des millions en détecteurs de mensonges, vérifications de références, tests draconiens, dans l'espoir de dénicher la perle rare ou de démasquer l'imposteur. À l'ère du numérique et de la surinformation, il n'est plus rare de retrouver les traces de votre histoire – personnelle et professionnelle – sur le Net. Aussi, lors d'un entretien, il vaut mieux être le plus honnête possible.

Souffrez-vous de la névrose du dimanche ?

Nous sommes dimanche matin et vous avez une journée libre devant vous. Mais vous êtes déjà inquiet de la façon dont vous allez pouvoir la remplir ; allez-vous faire des courses ? bricoler ? voir des amis ? Pour nombre de ceux qui travaillent à plein-temps, la perspective du temps libre et de sa gestion est presque un job en lui-même. Nous attendons avec impatience l'arrivée du week-end, mais quand nous y sommes, nous nous sentons menacés par l'idée même d'être libres de notre temps.

Nous rêvons de temps libre, mais pourquoi est-ce si difficile de l'apprécier véritablement ? Parce que nous vivons dans une société d'impératifs ! Nous sommes happés par son tempo effréné. Nous devons faire quelque chose, n'importe quoi, juste pour remplir le vide et éloigner cet indéfinissable sentiment de culpabilité. C'est ce que la psychanalyste Karen Horney appelle « la tyrannie du je devrais » : Je devrais faire ceci ou cela, mais par-dessus tout je ne devrais pas gâcher mon temps.

Ce comportement a été baptisé « névrose du dimanche ». Il survient le week-end et durant les vacances, lorsque nous sommes face à un temps non dicté. Cela nous rend nerveux, à la limite de la panique parfois. Et quand le lundi matin est de nouveau là, nous nous sentons apaisés.

TEST

Ces comportements vous semblent-ils familiers ?

1. **Ça m'ennuie de gâcher mon temps.**
   - ☐ Vrai
   - ☐ Faux

2. **Je retire plus de plaisir de mon travail que de mes loisirs.**
   - ☐ Vrai
   - ☐ Faux

3. Je suis quelqu'un d'impatient.
   - ☐ Vrai
   - ☐ Faux

4. Je n'ai vraiment pas besoin d'autant de temps libre que la plupart des gens.
   - ☐ Vrai
   - ☐ Faux

5. J'adore travailler et m'amuser rapidement.
   - ☐ Vrai
   - ☐ Faux

6. Je m'ennuie plus rapidement que les autres lors d'un vol ou d'un long voyage en train.
   - ☐ Vrai
   - ☐ Faux

7. Quand je joue, je m'acharne plus que les autres pour gagner.
   - ☐ Vrai
   - ☐ Faux

8. Je m'engage plus volontiers dans des activités qui me plongent dans l'action et me demandent beaucoup d'attention.
   - ☐ Vrai
   - ☐ Faux

9. Je me considère comme une personne autoritaire.
   - ☐ Vrai
   - ☐ Faux

10. J'éprouve vraiment des difficultés à trouver quelque chose de satisfaisant à faire pendant mon temps libre.
    - ☐ Vrai
    - ☐ Faux

RÉSULTAT

Accordez-vous 1 point pour chaque réponse « Vrai ».

7 points ou moins : *Vous êtes suffisamment détendu pour profiter pleinement de votre temps de loisir.*

8 points et plus : *Vous semblez souffrir de cette maladie typique de notre temps et luttez sans doute farouchement pour apprécier au mieux votre temps libre.*

Ce test est basé sur l'étude clinique de personnes souffrant d'une frustration née de l'incapacité à gérer un trop-plein de temps libre. Les chercheurs ont déterminé une série d'outils susceptibles de surmonter cette peur de liberté.

D'abord, soyez sûr que votre temps de loisir n'est pas trop saturé de choses à faire. Laissez passer du temps entre chaque activité et tentez d'écarter toute pression. Si vous avez planifié quelque chose pour l'après-midi, profitez d'un petit déjeuner tardif. Essayez de voir cela, non comme du temps gâché, mais bien comme une chance pour vous de lâcher prise. Engagez-vous dans une activité que vous n'avez généralement pas le temps d'aborder. Vous vous sentirez beaucoup mieux après avoir goûté à tous ces moments de pur plaisir, totalement déconnectés d'obligations ou d'un rythme imposé.

Et gardez en tête ce vieux dicton chinois : « Vivre pleinement une journée de loisirs, c'est être immortel une journée durant. » Aurez-vous votre jour d'immortalité ?

Êtes-vous en proie au burn-out ?

Le burn-out est une maladie moderne. Il touche tout type d'individus, spécialement ceux qui travaillent sous pression, en contact avec les autres et exigent énormément d'eux-mêmes. Il est particulièrement présent parmi ceux qui se fixent des objectifs irréalistes, conséquence directe d'un désir puissant de réussite. Souvent, l'ennui gagne rapidement ces personnes devant la relative indifférence de leur hiérarchie face à leurs efforts, ils trépignent devant les prises de décision trop longues, même les plus infimes. Pour les victimes du burn-out, la vie n'est jamais aussi satisfaisante qu'elle pourrait l'être.

Certains esprits critiques disent que ce syndrome d'épuisement n'est pas nouveau, et qu'il s'agit d'une simple dépression affublée d'une nouvelle étiquette. Mais il y a d'évidentes différences entre la dépression et le burn-out, dont les causes et remèdes respectifs sont bel et bien distincts.

Le psychologue Herbert Freudenberger expose les qualités singulières du burn-out dans son ouvrage intitulé *Burn-Out : The High Cost of High Achievement* (« Burn-out : Le coût élevé du haut niveau d'accomplissement »). Ici, il décrit comment le burn-out frappe aussi bien l'étudiant, le travailleur que la mère de famille, et offre une série de solutions pour le combattre.

TEST

Pour savoir si vous luttez contre l'épuisement, remplissez ce quiz adapté du livre de Freudenberger. Évaluez chacune des propositions selon une échelle de 1 (Un tout petit peu) à 5 (Énormément).

1. Avez-vous l'impression de travailler toujours plus dur pour toujours moins de résultat ?

Un tout petit peu ———— Énormément

☐ 1 ☐ 2 ☐ 3 ☐ 4 ☐ 5

2. Vous fatiguez-vous plus facilement ?

Un tout petit peu ———— Énormément

☐ 1 ☐ 2 ☐ 3 ☐ 4 ☐ 5

3. **Avez-vous souvent le cafard sans raison apparente ?**

Un tout petit peu ———————— Énormément

☐ 1 ☐ 2 ☐ 3 ☐ 4 ☐ 5

4. **Oubliez-vous les rendez-vous, dates de rendu et/ou autres objets personnels ?**

Un tout petit peu ———————— Énormément

☐ 1 ☐ 2 ☐ 3 ☐ 4 ☐ 5

5. **Êtes-vous de plus en plus irritable ?**

Un tout petit peu ———————— Énormément

☐ 1 ☐ 2 ☐ 3 ☐ 4 ☐ 5

6. **Êtes-vous de plus en plus déçu par ceux qui vous entourent ?**

Un tout petit peu ———————— Énormément

☐ 1 ☐ 2 ☐ 3 ☐ 4 ☐ 5

7. **Voyez-vous vos amis proches et votre famille moins qu'avant ?**

Un tout petit peu ———————— Énormément

☐ 1 ☐ 2 ☐ 3 ☐ 4 ☐ 5

8. **Souffrez-vous de symptômes physiques tels que douleurs et maux de tête ?**

Un tout petit peu ———————— Énormément

☐ 1 ☐ 2 ☐ 3 ☐ 4 ☐ 5

9. **Avez-vous du mal à rire d'une plaisanterie portant sur vous ?**

Un tout petit peu ———————— Énormément

☐ 1 ☐ 2 ☐ 3 ☐ 4 ☐ 5

10. Le sexe est-il devenu une source de désagrément ?

Un tout petit peu ———————————— Énormément

☐ 1 ☐ 2 ☐ 3 ☐ 4 ☐ 5

RÉSULTAT

Où vous situez-vous sur l'échelle du burn-out ? Pour calculer votre score, additionnez le nombre de points pour chaque réponse.

De 0 à 15 points : *Vous pouvez ressentir de temps en temps une pointe de stress, mais dans l'ensemble vous allez bien.*

De 16 à 24 points : *Vous êtes un candidat pour le burn-out. Vous devriez prendre un peu de recul et accepter de vous reposer.*

De 25 à 29 points : *Vous commencez à ressentir les premiers effets du burn-out, et devriez songer sérieusement à changer d'environnement professionnel ou de style de vie, histoire de vous offrir quelques zones de décompression.*

30 points et plus : *Stoppez les machines ! Vous souffrez du burn-out. Prenez toute mesure nécessaire pour évacuer le stress accumulé ; vous êtes dans une position dangereuse qui peut menacer votre bien-être physique et mental.*

On a dit qu'aux côtés du métier d'aiguilleur du ciel, la profession de policier était la plus stressante. William Kroes, responsable de recherches sur le stress au sein de l'Institut national de la sécurité et de la santé au travail (Washington, D.C.), a conclu qu'il y avait plus de burn-out au sein des forces de police que partout ailleurs.

Mais le syndrome d'épuisement n'est pas seulement lié au travail. Il peut survenir chez n'importe quelle personne frappée par la fatigue ou la frustration, due à la dévotion pour une cause, un mode de vie ou l'échec d'une relation. Il arrive certains moments où nous expérimentons tous de légères crises de burn-out – lorsque nous éprouvons moins d'enthousiasme à remplir nos tâches quotidiennes par exemple –, mais nous écartons facilement ce mal-être et repartons de plus belle.

Si votre score est haut ou si vous passez par de fréquentes périodes de léger burn-out, n'ignorez pas les signes d'avertissement. Cet état de souffrance est réversible, quel que soit son degré de sévérité. Quelquefois, tout ce dont vous avez besoin pour vous remotiver est un espace de respiration, vous coupant de la pression quotidienne et de la monotonie de votre mode de vie. Cela peut signifier prendre des vacances, changer de travail, rencontrer de nouvelles personnes ou revoir vos objectifs de vie. Essayez de cerner précisément ce qui peut vous revitaliser et plongez-vous-y.

CHAPITRE 6

Le goût de la réussite

Êtes-vous trop rigide ?

Si vous connaissez la pièce de Neil Simon, *Drôle de couple*, vous avez sans doute remarqué le contraste radical entre les deux personnages principaux : Oscar est un type relax et souple, tandis que Félix est son total opposé – tiré à quatre épingles, exigeant et maniaque de l'organisation. Pour d'évidentes raisons dramaturgiques, ils ont été choisis pour leur personnalité extrême. Et dans cette histoire, vous remarquerez que c'est le plus rigide des deux qui semble le plus souffrir lorsque les choses tournent mal.

Dans la vraie vie, la rigidité de caractère pose les mêmes problèmes. Les personnes qui tendent à être excessivement perfectionnistes et pointilleuses peuvent avoir une attitude intransigeante à l'égard de ceux qui n'entrent pas dans leur moule et, par extension, se montrent durs à l'égard d'eux-mêmes. La plupart des individus ne sont ni particulièrement rigides ni particulièrement conciliants. Ils sont généralement un mélange des deux. De la même façon qu'ils peuvent être classés introverti ou extraverti, soumis ou dominant, ils peuvent être catalogués de rigide ou de souple.

TEST

Où vous situez-vous sur l'échelle de la rigidité ? Le quiz suivant puise dans divers tests de personnalité utilisés pour mesurer l'autoritarisme, la domination et autres traits communs aux personnalités strictes.

1. **Il m'est difficile de m'adapter rapidement au changement (nouveau poste, nouvelles amitiés ou nouveau voisinage).**
   a. Rarement
   b. Quelquefois
   c. Souvent

2. **Ça me tape sur les nerfs quand mon environnement n'est pas net et ordonné.**
   a. Rarement
   b. Quelquefois
   c. Souvent

3. **J'aime faire des listes des choses à faire.**
   a. Rarement
   b. Quelquefois
   c. Souvent

4. **J'ai tendance à être énervé si je ne finis pas une tâche.**
   a. Rarement
   b. Quelquefois
   c. Souvent

5. **Quand je suis en vacances, je m'énerve vite si les choses ne se déroulent pas comme je l'ai planifié.**
   a. Rarement
   b. Quelquefois
   c. Souvent

6. **Quand quelqu'un profite de moi, ça me perturbe pendant longtemps.**
   a. Rarement
   b. Quelquefois
   c. Souvent

7. **J'ai tendance à conserver les choses usagées au cas où elles seraient utiles un jour.**
   a. Rarement
   b. Quelquefois
   c. Souvent

8. **Ça me dérange lorsque les gens ne remettent pas les choses à leur place.**
   a. Rarement
   b. Quelquefois
   c. Souvent

9. **Je suis extrêmement soucieux de remplir mes obligations.**
   a. Rarement
   b. Quelquefois
   c. Souvent

10. **Je suis méticuleux et prends grand soin de mes affaires.**
   a. Rarement
   b. Quelquefois
   c. Souvent

RÉSULTAT

Comptez 1 point pour chaque réponse « a », 2 points pour chaque « b » et 3 pour chaque « c ».

De 8 à 14 points : *Vous êtes négligent et désinvolte. Vous gagneriez à développer votre autodiscipline et à structurer vos activités quotidiennes.*

De 14 à 19 points : *Vous êtes généralement plutôt conciliant, mais vous avez vos mouvements d'humeur.*

De 20 à 25 points : *Vous tenez les rênes fermement, mais vous savez lâcher prise pour le bien-être d'une relation.*

De 26 à 30 points : *Vous souffrez d'un excès d'intransigeance ; une fois votre opinion faite, rien ne peut vous en faire changer. Apprenez à vous détendre, développez plus d'empathie envers les autres et ouvrez-vous aux idées nouvelles.*

La rigidité est influencée par notre constitution biologique. Prenez deux bébés. L'un est tendu, sec dans ses mouvements, et s'agite pour trouver le repos. L'autre est placide, s'adapte facilement au changement de lumière et de niveau sonore, et se montre toujours content. Ces bébés ont deux tempéraments innés différents qui affectent leur personnalité. L'enfant agité sera probablement plus rigide à l'âge adulte.

La biologie mise à part, l'obstination peut être vue comme une réponse à la frustration. Elle naît en grande partie de la peur. Le comportement d'une personne rigide dit en effet : « Si les choses ne se déroulent pas comme je les ai prévues, j'ai peur que ce soit mauvais pour moi. » Ils craignent de ne pouvoir faire face aux changements. Les personnes plus souples sont moins sensibles à ces « bouleversements » et s'adaptent plus facilement.

L'intransigeance – plus commune aux hommes qu'aux femmes – est essentiellement une réticence à faire confiance aux autres et à comprendre leurs points de vue. Ces individus préfèrent les emplois hautement structurés ; on les trouve couramment dans le domaine des sciences, la comptabilité, l'armée et la recherche. À l'autre extrémité, nous trouvons ceux qui fuient le protocole et le quotidien bien ordonné. Tandis qu'un caractère trop rigide crée d'évidents problèmes, la docilité excessive a aussi ses désavantages. Les gens trop souples peuvent être désorganisés et manquer d'autodiscipline. Trop de l'un ou de l'autre n'est pas souhaitable, et la plupart d'entre nous se trouvent heureusement au milieu.

L'attitude la plus confortable est de trouver un terrain d'entente entre un mode de vie organisé et discipliné, et une spontanéité libre de tout préjugé. Si vous parvenez à combiner les deux, vous goûterez aux récompenses qu'offrent ces deux personnalités.

Avez-vous soif de pouvoir ?

Si vous avez l'occasion d'assister à un match de baseball, observez le manager de chaque équipe. Il est la figure centrale du pouvoir et délivre toutes les décisions cruciales. Tous les yeux sont tournés vers lui. Son usage du pouvoir est constructif et approuvé. Mais imaginez maintenant quelqu'un tentant de donner des ordres à un groupe qui conteste son autorité. Une telle personne serait probablement taxée de tyran.

Le pouvoir interpersonnel est la capacité d'influencer les autres tout en résistant à leur influence sur vous. Des dizaines de livres sortent chaque année, donnant chacun les meilleures recettes pour contrôler les autres. En tant que trait de personnalité, le pouvoir n'est ni positif ni négatif ; comme le feu, il peut être utilisé pour le bien-être de tous comme pour la destruction. Lorsqu'une maman affirme son autorité pour que son petit de 6 ans accepte de prendre son bain, lorsqu'un policier contrôle la circulation autour d'une zone d'accident, lorsqu'un professeur réclame le silence, le pouvoir est utilisé de manière constructive. La soif de pouvoir devient névrotique – voire illégale – lorsque l'on cherche à prendre l'avantage aux dépens des autres.

Dans son travail mené au sein de l'université de Harvard (Cambridge, Massachusetts), le professeur David McClelland a étudié le désir de pouvoir chez plusieurs milliers de sujets. Il a ainsi conclu que la volonté de pouvoir est une nécessité humaine, à l'instar de la reconnaissance, l'accomplissement ou l'amour. À l'arrivée, McClelland a identifié trois caractéristiques propres aux personnes mues par un grand désir de pouvoir : elles agissent de manière vigoureuse et déterminée afin d'exercer leur autorité ; elles passent beaucoup de temps à réfléchir aux différents moyens d'altérer le comportement et la pensée des autres ; elles se soucient beaucoup de leur réputation chez les autres.

TEST

Si certaines des descriptions ci-dessous vous ressemblent, il se peut que vous ayez un besoin viscéral d'imposer votre pouvoir aux autres. Ce quiz n'est qu'un aperçu.

1. **Je m'acharne à montrer mes compétences dans tous les groupes que je rejoins.**
   a. Faux
   b. Un peu vrai
   c. Très vrai

2. **J'aime le travail qui me permet de faire les choses à ma façon.**
   a. Faux
   b. Un peu vrai
   c. Très vrai

3. **Au milieu des autres, j'aime être le centre d'attention.**
   a. Faux
   b. Un peu vrai
   c. Très vrai

4. **Cela m'agace quand des gens essaient de me dominer.**
   a. Faux
   b. Un peu vrai
   c. Très vrai

5. **Je ne ressens pas d'embarras facilement.**
   a. Faux
   b. Un peu vrai
   c. Très vrai

6. **Je déteste recevoir des conseils des autres.**
   a. Faux
   b. Un peu vrai
   c. Très vrai

7. **C'est important pour moi de faire les choses mieux que les autres.**
   a. Faux
   b. Un peu vrai
   c. Très vrai

8. **J'ai toujours été doué pour faire accepter des idées ou des points de vue aux autres.**
   a. Faux
   b. Un peu vrai
   c. Très vrai

9. **J'aime poser des questions ardues auxquelles il est difficile de répondre.**
   a. Faux
   b. Un peu vrai
   c. Très vrai

10. **Au travail, ce serait dur pour moi d'accomplir une tâche assignée à un subordonné.**
   a. Faux
   b. Un peu vrai
   c. Très vrai

RÉSULTAT

Comptez 1 point pour chaque réponse « a », 2 points pour chaque « b » et 3 pour chaque « c ».

De 10 à 14 points : *Vous avez un faible désir de pouvoir et acceptez facilement que les autres prennent le contrôle de la situation à votre place.*

De 15 à 22 points : *Vous avez un besoin de pouvoir modéré et montrez de la souplesse dans son expression ; de temps à autre vous le cédez volontiers.*

De 23 à 30 points : ***Vous avez soif de pouvoir. Passez-vous beaucoup de temps à vous demander si les autres se croient supérieurs à vous ? Trouvez-vous que les gens se détournent de vous ? Apprenez à vous en remettre aux autres de temps en temps. Vous serez surpris de constater qu'un peu de soumission n'entamera pas votre image, voire vous fera gagner quelques amitiés.***

Depuis que la compétition et la lutte pour s'imposer dans la société jouent de grands rôles dans notre vie, nombre de philosophes et d'experts en comportement voient le pouvoir comme le plus fondamental des moteurs humains. Alfred Adler, adepte de Sigmund Freud, le croyait. Il écarta la notion freudienne selon laquelle le sexe était la pulsion première de l'homme, et maintint que la domination des autres était le carburant principal des affaires humaines. D'abord, en tant qu'enfants sans défense, ajouta-t-il, nous développons un complexe d'infériorité, puis nous luttons toute notre vie pour gagner en puissance et combler ce manque originel.

Selon Adler, accéder au pouvoir, c'est comme atteindre un idéal. Certains affirment qu'Adler fut le premier thérapeute à défendre le pouvoir de la pensée positive. Vous pouvez être tenté de démentir l'idée selon laquelle chacun de nous recherche le pouvoir lorsque vous pensez à votre voisin casanier ou à votre collègue tout juste désireux d'accomplir humblement son travail. Mais tout le monde exerce son pouvoir d'une manière ou d'une autre, que ce soit à travers la détermination à éviter tout affrontement, ou en tendant l'autre joue afin d'échapper à une bagarre. Le pouvoir peut se présenter sous divers atours, mais le désir qu'il éveille est définitivement un trait universel.

Quelle est votre sensibilité aux autres ?

Nous connaissons tous une de ces personnes anxieuses, ultranerveuses à l'idée d'affronter le jugement des gens. Ces individus ultrasensibles sont reliés de manière aiguë à ce que pensent et disent les autres. De fait, en leur présence, ces derniers restent sous contrôle, dans la crainte de toucher un nerf sensible.

Les personnes hautement sensibles sont des cas extrêmes, mais nous partageons tous des degrés variés de sensibilité sociale. Ce trait est appelé « orientation interpersonnelle », et décrit notre conscience des autres dans un contexte social donné.

Les recherches menées à l'université de Tufts (Medford, Massachusetts) par Walter Swap et Jeffrey Rubin révèlent un certain nombre de faits intéressants sur le sujet. Sur une période de deux ans, ils ont testé quelque 900 étudiants et ont développé une échelle d'orientation interpersonnelle. Certains composants de cette échelle ont été adaptés pour ce quiz.

Si vous vous demandez où se situe votre sensibilité sociale, suivez le guide.

1. **Je préférerais discuter de mes problèmes personnels avec les autres plutôt que de les ruminer tout seul.**

   ☐ Vrai
   ☐ Faux

2. **Je n'achèterais pas quelque chose que je soupçonnerais avoir été volé.**

   ☐ Vrai
   ☐ Faux

3. **Il est important pour moi de travailler avec des gens que j'apprécie, même si ça implique de prendre un job requérant moins de responsabilités.**

   ☐ Vrai
   ☐ Faux

4. Quand quelqu'un me fait une faveur, je me sens généralement redevable à son égard.
   - ☐ Vrai
   - ☐ Faux

5. Mes amis et moi semblons partager les mêmes goûts musicaux.
   - ☐ Vrai
   - ☐ Faux

6. Je me considère plus indulgent que la moyenne des gens.
   - ☐ Vrai
   - ☐ Faux

7. Je me demande souvent ce qu'une personne assise à côté de moi dans le train ou le bus peut faire dans la vie.
   - ☐ Vrai
   - ☐ Faux

8. Quand je passe du temps avec quelqu'un, je suis généralement le premier à révéler quelque chose de personnel.
   - ☐ Vrai
   - ☐ Faux

9. Il semble que plus je passe de temps avec quelqu'un, plus j'apprends à l'aimer.
   - ☐ Vrai
   - ☐ Faux

10. Si un mendiant me demande de l'argent ou de la nourriture, ça m'ennuie de lui dire non.
   - ☐ Vrai
   - ☐ Faux

RÉSULTAT

Accordez-vous 1 point pour chaque réponse « Vrai ». Gardez à l'esprit qu'aucun des scores extrêmes n'est souhaitable.

De 8 à 10 points : *Vous possédez une orientation interpersonnelle très haute. Les dires et les actes des autres affectent largement votre moral.*

De 5 à 7 points : *Vous êtes dans la frange raisonnable de cette échelle.*

De 0 à 4 points : *Votre orientation est basse et vous semblez insensible aux sous-entendus de l'interaction humaine. Vous êtes relativement imperméable aux autres, et ceci à seule fin d'atteindre vos objectifs. Vous êtes probablement une personne compétitive et autoritaire qui a volontairement limité ses besoins sociaux.*

Ce quiz est une échelle de sensibilité sociale. Chaque réponse « Vrai » indique la présence d'une orientation interpersonnelle. Bien que certaines situations ne paraissent pas reliées de manière évidente à première vue, les résultats montrent que les personnes présentant un haut niveau d'orientation ressentent ces propositions comme de parfaites illustrations d'elles-mêmes.

Une personne dotée d'un gros score est très attentive aux autres. Elle s'y intéresse, réagit à leurs comportements, et tend à prendre leurs jugements personnellement. Elle est sensible aussi bien aux affronts qu'aux compliments et, lorsqu'elle est rejetée, devient maussade et peut faire la tête. Elle montre plus d'anxiété sociale que l'individu moyen.

Quelquefois, ces personnes hautement sensibles sont difficilement gérables. Elles peuvent être tellement réactives aux autres qu'elles en deviennent exigeantes au moment de former des amitiés. À l'opposé, les individus peu dotés en sensibilité sociale sont plus tournés vers des relations intéressées, c'est-à-dire utiles à leurs objectifs. Ils ne sont pas influencés par les actions des autres. Ils choisissent généralement des emplois « orientés objets » tels que l'ingénierie, la comptabilité ou la science.

Abandonner ou se battre : êtes-vous persévérant ?

La persévérance est l'énergie qui fait fonctionner l'esprit humain. Elle maintient le soldat sur la trace de sa cible, pousse l'amoureux à la recherche de l'âme sœur et l'athlète à l'assaut de la ligne d'arrivée.

Comme toutes les caractéristiques humaines, la persévérance existe à divers degrés en chacun de nous. Serions-nous prêts à répéter la même action afin d'atteindre notre objectif ? Passerions-nous la moitié de notre vie à chercher la solution à un problème ? Un tel acharnement a joué un grand rôle dans la réussite de grands hommes et femmes comme Thomas Edison, qui, en 1879, après des milliers d'essais, inventa la lampe à incandescence, ou Marie Curie, qui découvrit le radium, ou encore Louis Pasteur, qui offrit au monde le vaccin contre la rage.

Les scientifiques illustres ne sont pas les seuls à avoir fait preuve de ténacité. Chacun de nous fait face à des problèmes contre lesquels la persévérance peut faire la différence. Ce trait de caractère a été largement étudié, particulièrement au sein des universités, où les étudiants doivent redoubler d'énergie et de volonté pour surmonter la montagne de travail qui les attend. Une telle recherche a été menée par B. N. Mukherjee, alors qu'il était professeur de psychologie à l'université de York (Toronto, Canada). Les éléments de ce quiz sont tirés de son travail, paru dans *The Indian Journal of Psychology*.

TEST

Êtes-vous prêt à relever le défi ou préférez-vous quitter le rang ? Pour apprendre où se situe votre persévérance, répondez au quiz suivant.

1. **Les gens ont peu à gagner à vouloir faire des choses trop difficiles pour eux.**
   - ☐ Vrai
   - ☐ Faux

2. **Comparé aux autres, je déteste perdre la face sur n'importe quelle situation.**
   - ☐ Vrai
   - ☐ Faux

3. Plus grandes sont les chances d'échec, moins je suis déterminé à me lancer.
   - ☐ Vrai
   - ☐ Faux

4. Je suis connu pour être très à cheval sur la défense de mes droits.
   - ☐ Vrai
   - ☐ Faux

5. Il vaut mieux faire plusieurs petits boulots faciles plutôt que de tenter d'en assumer un très difficile.
   - ☐ Vrai
   - ☐ Faux

6. La chance est un facteur important de réussite.
   - ☐ Vrai
   - ☐ Faux

7. Comparé aux autres, je me fixe des objectifs très élevés.
   - ☐ Vrai
   - ☐ Faux

8. Les gens qui avancent dans la vie travaillent plus avec leur tête qu'avec leurs mains.
   - ☐ Vrai
   - ☐ Faux

9. Que je travaille pour moi-même ou pour le compte de quelqu'un d'autre, mon degré d'ambition ne varie pas.
   - ☐ Vrai
   - ☐ Faux

10. Devant un boulot déplaisant je tends plus à remettre au lendemain que mes amis.
    - ☐ Vrai
    - ☐ Faux

RÉSULTAT

Accordez-vous 1 point pour chaque réponse identique.

1. *Faux*

2. *Vrai*

3. *Faux*

4. *Vrai*

5. *Faux*

6. *Faux*

7. *Vrai*

8. *Vrai*

9. *Faux*

10. *Faux*

De 8 à 10 points : ***Vous êtes très tenace et travaillez dur pour atteindre vos objectifs.***

De 4 à 7 points : ***Votre taux de persévérance est dans une moyenne acceptable.***

De 0 à 3 points : ***Vous abandonnez trop facilement ! Quand les choses deviennent difficiles, essayez de vous accrocher. Vous pourriez être surpris de découvrir qu'un petit effort peut donner des résultats positifs surprenants.***

La persévérance a été définie comme un authentique trait de personnalité par J. P. Guilford de l'université de la Californie du Sud, à Los Angeles. Dans son livre intitulé *Personality* (« La personnalité »), il appelle cela « désir de réussir ». Il est connecté à l'ambition et au besoin viscéral d'accomplissement. Les personnes persévérantes ont généralement de grands besoins de reconnaissance et de prestige. Elles aiment que les choses se fassent vite et croient que faire de l'argent est un objectif fondamental dans la vie. Elles laissent rarement passer une bonne occasion de briller, même si cela s'avère difficile. Généralement, elles ne croient pas qu'affronter plusieurs petits projets faciles équivaut à surmonter un ou deux objectifs difficiles. En outre, elles supportent très mal l'échec ; quand il survient, elles redoublent d'efforts pour triompher la fois suivante.

La chance et les miracles ne sont pas des facteurs de prédilection pour les individus tenaces ; pour eux, la réussite n'a rien à voir avec cela et est surtout l'aboutissement logique de leurs hautes aspirations et de leurs efforts pour les concrétiser. Le persévérant sera bien moins sujet à la procrastination que l'individu moyen et fera montre de tendances entrepreneuriales certaines.

Le caractère persévérant se trouve couramment chez les artistes (qui ne cessent de perfectionner leur art), les étudiants (qui étudient plus que nécessaire pour décrocher leurs examens) et les commerciaux (qui se démènent pour dépasser leurs objectifs).

Pour finir, n'oubliez pas que toutes les personnes persévérantes ne réussissent pas forcément, mais que la plupart des gens qui ont réussi dans la vie sont de grands persévérants.

Êtes-vous trop autoritaire ?

Quand les esprits s'échauffent, même le plus démocratique et bien-pensant d'entre nous peut, occasionnellement, tenter d'imposer sa vision aux autres. Mais si vous connaissez quelqu'un qui agit de cette façon en permanence, vous êtes vraisemblablement en présence d'une personnalité autoritaire, un de ceux qui veulent être le patron ou décider pour les autres. Les psychologues les ont catalogués sous l'appellation « type F » ; F comme fasciste, dont les traits de personnalité ont servi à l'élaboration de tests sur l'autoritarisme.

TEST

Seriez-vous un « type F » sans le savoir ? Suivez le quiz pour le découvrir.

1. **J'aime que les gens soient catégoriques quand ils disent quelque chose.**
   a. Pas d'accord
   b. Un peu en désaccord
   c. Un peu d'accord
   d. D'accord

2. **L'incompétence à la maison comme au travail m'agace.**
   a. Pas d'accord
   b. Un peu en désaccord
   c. Un peu d'accord
   d. D'accord

3. **J'aime conduire vite.**
   a. Pas d'accord
   b. Un peu en désaccord
   c. Un peu d'accord
   d. D'accord

4. **Ça ne me gêne pas de me faire remarquer.**
   a. Pas d'accord
   b. Un peu en désaccord
   c. Un peu d'accord
   d. D'accord

5. **Comparé à la plupart de mes amis et collègues, je suis un pinailleur.**
   a. Pas d'accord
   b. Un peu en désaccord
   c. Un peu d'accord
   d. D'accord

6. **Je me décide rapidement et facilement lorsque je suis face à des choix professionnels difficiles.**
   a. Pas d'accord
   b. Un peu en désaccord
   c. Un peu d'accord
   d. D'accord

7. **Dans le travail, je suis intolérant face à quelqu'un qui fait quelque chose que je trouve insensé.**
   a. Pas d'accord
   b. Un peu en désaccord
   c. Un peu d'accord
   d. D'accord

8. **Je n'aime pas tenir compte des conseils des autres.**
   a. Pas d'accord
   b. Un peu en désaccord
   c. Un peu d'accord
   d. D'accord

9. **Comparé à mes collègues, je suis plus critique à l'égard de la manière dont les gens font les choses.**
   a. Pas d'accord
   b. Un peu en désaccord
   c. Un peu d'accord
   d. D'accord

10. **Si c'était possible, je préférerais donner une conférence plutôt que d'en écouter une.**
   a. Pas d'accord
   b. Un peu en désaccord
   c. Un peu d'accord
   d. D'accord

RÉSULTAT

Attribuez-vous 1 point pour chaque réponse « a », 2 points pour chaque « b », 3 points pour chaque « c » et 4 pour chaque « d ».

De 10 à 20 points : *Vous possédez peu de traits autoritaires. Certaines personnes peuvent vous percevoir comme quelqu'un de passif.*

De 21 à 30 points : *Vous jouissez d'un degré moyen de manières autoritaires. Vous n'êtes ni un adversaire facile ni un tyran.*

De 31 à 40 points : *Vous êtes hautement dominateur et devriez vous demander s'il s'agit du type de personne que vous désirez être. Vous vous détournez progressivement des autres en étant trop autoritaire. Vous pointerez les effets néfastes de votre comportement si vous notez une plus grande tension entre vous et les autres, des invitations qui se font plus rares et des amitiés qui se délitent. Ce sont tous des signes avant-coureurs qui indiquent que vous avez eu la main un peu lourde. Il serait temps de vous montrer moins arrogant.*

Le quiz précédent était adapté d'une étude menée par le sociologue J. J. Ray, au sein de l'université de Nouvelle-Galles du Sud (Sydney, Australie). Les résultats montrent que la personne autoritaire se reconnaît dans la majeure partie des propositions de ce test. Ces individus ont des traits en commun : ils sont très conventionnels et tendent à être intolérants et pleins de préjugés ; ils ont également un fort désir de pouvoir, indispensable à leur volonté d'élévation sociale.

Les psychologues R. W. Adorno et E. Frenkel-Brunswik ont les premiers défini les termes « type F » pour parler de la personnalité autoritaire. Assez bizarrement, ces gens hautement dominateurs sont généralement des conformistes dotés d'une imagination limitée. Ils sont eux-mêmes soumis à l'autorité et méfiants à l'égard des autres groupes. Par-dessus tout, ces « F » ne sont pas très confiants ; ils voient le monde comme un lieu hostile et plein de menaces.

Les personnalités autocratiques détestent l'ambiguïté et l'indécision, et préfèrent les situations claires et nettes, sans zone d'ombre. Ils sont critiques, impatients face à l'incompétence présumée des autres, et aiment couper les cheveux en quatre lorsqu'il s'agit d'imposer leur point de vue. Ils cherchent à être servis plutôt que servir et détestent partager la responsabilité de projets en équipe ; ils préfèrent assumer la totalité du fardeau.

Le « type F » a généralement souffert de parents ultrarigides et dirigistes. En tant que leaders, ils aiment prendre des décisions rapides. Ils se sentent mal à l'aise face à l'incertitude et tendent à encourager la dépendance de leurs subordonnés. Ainsi, ceux qui vivent sous la coupe de telles personnalités autoritaires développent rarement leur individualité et leur sens de l'initiative et apprennent plutôt à être passifs et soumis.

CHAPITRE 7

La pensée en action

Pourriez-vous être hypnotisé ?

Il y a un certain nombre d'années, l'acteur Zero Mostel dut subir une opération de la jambe suite à un accident de voiture. Pour des raisons médicales, il ne put bénéficier d'une anesthésie courante et l'hypnose fut essayée à la place. Le comédien fut plongé dans une transe et l'intervention prit quelques heures.

Des histoires comme celles-ci attirent l'attention du public et suscitent l'espoir de ceux qui souffrent de voir leurs maux soulagés par l'hypnose. Mais les études montrent qu'un faible pourcentage seulement des malades font appel à l'hypnose, tant celle-ci souffre encore d'une réputation d'excentricité et de pratique occulte.

Mais l'hypnose n'est pas aussi mystérieuse qu'on peut le croire. En fait, l'hypnose intervient souvent dans notre vie de tous les jours et n'apparaît incongrue qu'en raison de l'étiquette qu'on lui a collée. Chacun de nous passe par un état momentané d'hypnose chaque soir, lorsque nous basculons de l'éveil vers le sommeil. Vous connaissez cette « quatrième dimension » si vous avez déjà entendu un bruit, comme une sonnerie de téléphone, sans pouvoir déterminer si vous le rêviez ou le perceviez réellement. Les conducteurs vivent souvent ce genre de « décrochage » au cours d'un long trajet, les bébés sont bercés jusqu'à l'endormissement par les mouvements de va-et-vient, les étudiants rêvassent durant les conférences et les mélomanes s'assoupissent lors de doux concerts.

Nous sommes tous sujets à des états hypnotiques. Pourtant le scepticisme prévaut encore. Sans doute parce que nous avons tous fait connaissance pour la première fois avec l'hypnose par le biais du spectacle. Nous l'avons tous assimilé comme partie intégrante d'un numéro de charlatan. Mais pour les professionnels avisés, il s'agit bien d'un remède respecté contre des problèmes chroniques tels le rognage d'ongles, la cigarette, l'obésité et l'insomnie. Elle a fait ses preuves pour remplacer certaines anesthésies inopérantes, et a amélioré certains états de malnutrition, anorexie, hoquet incontrôlable et hypertension. Plus encore, elle ne provoque aucun effet secondaire sur le cœur, le foie, les reins ou les poumons.

TEST

Si ce que vous avez entendu dire à propos de l'hypnose a piqué votre curiosité, vous vous demandez peut-être si vous seriez un bon sujet. Le quiz suivant devrait vous apporter la réponse. Il identifie les traits d'un bon candidat à l'hypnose et est fondé sur les recherches conduites au sein de l'université de Stanford (Californie).

1. **Je suis une femme.**
   - ☐ Vrai
   - ☐ Faux

2. **J'ai plus de 50 ans.**
   - ☐ Vrai
   - ☐ Faux

3. **J'ai une intelligence au-dessus de la moyenne.**
   - ☐ Vrai
   - ☐ Faux

4. **Je suis un penseur original.**
   - ☐ Vrai
   - ☐ Faux

5. **Je suis émotionnellement stable.**
   - ☐ Vrai
   - ☐ Faux

6. **J'ai tendance à être plus optimiste que pessimiste.**
   - ☐ Vrai
   - ☐ Faux

7. **Je suis un peu suspicieux à l'égard des motivations d'autrui.**
   - ☐ Vrai
   - ☐ Faux

8. **Je suis relativement insensible à la dépression.**
   - ☐ Vrai
   - ☐ Faux

9. **J'ai une bonne imagination.**
   - ☐ Vrai
   - ☐ Faux

10. **Je suis plutôt une personne indépendante.**
    - ☐ Vrai
    - ☐ Faux

RÉSULTAT

Accordez-vous 1 point pour chaque réponse identique.

1. *Vrai*

2. *Faux*

3. *Vrai*

4. *Faux*

5. *Vrai*

6. *Vrai*

7. *Faux*

8. *Vrai*

9. *Vrai*

10. *Faux*

3 points et moins : ***Vous seriez difficile à hypnotiser.***

4 points et plus : ***Vous entrerez en transe sans trop de difficultés. Plus votre score est proche de 10, plus vous serez sensible au pouvoir de l'hypnose.***

Même si vous avez comptabilisé un score bas, cela ne signifie pas que vous ne pouvez pas être hypnotisé. Nombre de personnes en bas de cette échelle se montrent tellement motivées par cette pratique qu'elles en deviennent d'excellents sujets. Lisez ce qui suit pour savoir qui est le/la plus sensible au pouvoir de l'hypnose.

1. *Vrai.* Les femmes sont un peu plus sensibles à la suggestion, et donc plus hypnotisables que les hommes.

2. *Faux.* Si vous avez plus de 50 ans, vous êtes alors moins « bon client », puisque la sensibilité à l'hypnose diminue avec l'âge.

3. *Vrai.* L'intelligence est bien liée à l'hypnotisabilité.

4. *Faux.* Les penseurs conventionnels font les meilleurs clients.

5. *Vrai.* Les gens instables sont généralement difficiles à hypnotiser.

6. *Vrai.* Ceux qui ont une attitude positive à l'égard de l'existence répondent mieux à l'hypnose.

7. *Faux.* L'état d'abandon qui caractérise la transe hypnotique est très difficile à atteindre avec une personne qui regarde le monde qui l'entoure avec suspicion.

8. *Vrai.* Les individus qui luttent contre la dépression ont généralement besoin d'un conditionnement préparatoire.

9. *Vrai.* Si vous avez une imagination fertile, vous êtes plus volontiers ouvert à l'hypnose.

10. *Faux.* Les personnes à l'esprit indépendant font souvent de mauvais sujets. Pour être un bon candidat, on doit savoir accepter de dépendre des autres.

Jusqu'où s'étend votre imagination ?

Ralph Waldo Emerson a dit un jour : « La qualité de l'imagination est de couler, non de se figer. » L'imagination est une part fondamentale de notre vie mentale. Elle n'est pas cruciale seulement pour les œuvres d'art qu'elle fait naître, elle permet aussi de résoudre des problèmes grâce à son pouvoir d'anticipation sur les situations.

Christophe Colomb dut d'abord imaginer que la Terre était ronde avant de s'engager dans son épique découverte. Et Albert Einstein, qui fit remarquer un jour : « Je réfléchis rarement avec des mots », dut imaginer un univers où tout était relatif avant de théoriser la relativité du temps et de l'espace.

Mais l'imagination varie d'un individu à un autre. Comme Einstein, certains d'entre nous pensent presque exclusivement en termes d'images mentales plutôt qu'avec des mots. En fait, environ 3 personnes sur 10 auraient du mal à former une image mentale en n'importe quelle situation.

TEST

Si vous n'avez jamais testé votre imagination, ou aimeriez la tester de nouveau, ce quiz est fait pour vous. Il est basé sur plusieurs tests d'imagination, incluant celui développé par l'université de Yale (New Haven, Connecticut).

1. Je peux raconter de petits mensonges sans me troubler.

a. Rarement
b. Quelquefois
c. Souvent

2. Je pleure au cinéma.

a. Rarement
b. Quelquefois
c. Souvent

3. **Je peux visualiser des formes et des images dans les nuages, les montagnes et le papier mural.**
   a. Rarement
   b. Quelquefois
   c. Souvent

4. **J'ai des idées qui feraient d'excellents films ou livres.**
   a. Rarement
   b. Quelquefois
   c. Souvent

5. **Quand je rapporte une histoire, j'ai tendance à l'embellir pour la rendre plus intéressante.**
   a. Rarement
   b. Quelquefois
   c. Souvent

6. **J'imagine avec force des situations extrêmes, comme me retrouver sur une île déserte ou gagner à la loterie.**
   a. Rarement
   b. Quelquefois
   c. Souvent

7. **J'imagine le pire lorsque quelqu'un de ponctuel arrive en retard.**
   a. Rarement
   b. Quelquefois
   c. Souvent

8. **J'aime l'art abstrait.**
   a. Rarement
   b. Quelquefois
   c. Souvent

9. **J'aime lire de la fiction ou des histoires sur le surnaturel.**
   a. Rarement
   b. Quelquefois
   c. Souvent

10. Lorsque je sors d'un rêve impressionnant, il me faut quelques secondes pour revenir à la réalité.

a. Rarement
b. Quelquefois
c. Souvent

RÉSULTAT

Attribuez-vous 1 point pour chaque réponse « a », 2 points pour chaque « b » et 3 pour chaque « c ». Les gens dotés d'une imagination fertile ont tendance à répondre « Souvent » à la plupart des propositions.

De 10 à 15 points : *Vous êtes un pragmatique bien ancré dans la réalité. Même si vous êtes capable d'imaginer certaines situations, vous préférez une approche pratique et réaliste de la vie. Vous gagneriez à étendre votre imagination. Peut-être un cours d'écriture créative ou un atelier d'art vous ouvrirait-il de nouveaux horizons et boosterait vos talents créatifs.*

De 16 à 23 points : *Vous avez un niveau d'imagination dans la moyenne. Un bon équilibre entre esprit pratique et créativité vous permet d'exprimer vos idées et de voir vos rêves prendre forme.*

De 24 à 30 points : *Vous avez une imagination très active. Il s'agit d'une force très puissante en vous, mais prenez garde, si votre imagination s'emballe, tentez de la contrôler en étant plus réaliste et plus pragmatique dans vos prises de décision quotidiennes.*

L'imagination humaine n'a cessé d'exciter l'intérêt des psychologues depuis le début des années 1950. Les experts sont maintenant d'accord pour dire qu'elle a un rôle-clé dans la santé mentale. Il apparaît que ceux qui éprouvent des difficultés à visualiser des scénarios ou qui se sentent incapables d'user de leur imaginaire de manière constructive tendent à devenir rigides ou à manquer d'assurance et développent souvent des symptômes névrotiques variés.

Toutefois, une imagination débordante peut aussi devenir problématique ; elle peut vous extraire de la réalité et vous empêcher de faire face à vos responsabilités. Les chercheurs pensent que la faculté de former des images mentales est un avantage pour les patients en thérapie comportementaliste.

L'imagination est souvent au cœur des traitements contre les phobies, les obsessions et les troubles obsessionnels compulsifs. Dans ces situations, on demande aux patients d'imaginer ces choses qui causent leurs angoisses et créent des problèmes. Ils apprennent alors à se détendre tandis qu'ils imaginent la situation ou l'objet problématique.

Les gens imaginatifs s'amusent-ils plus ? Probablement. Ils tendent à enrichir leurs expériences de pensées créatives. Pour témoin, cet enfant qui reçoit un nouveau jouet et trouve presque plus de plaisir à jouer avec la boîte qu'avec le jouet lui-même. L'enfant transforme la boîte mentalement et l'incorpore à ses fantasmes ludiques.

Si votre pompe à imagination est au plus bas, relevez les manches. Les études prouvent que l'imagination peut être améliorée. La puissance imaginaire des enfants peut être renforcée et étendue par le biais de jeux et d'exercices. Les adultes peuvent tout à fait stimuler leurs idées de la même manière ; en s'engageant, par exemple, dans des activités qui leur demandent de percevoir et de réfléchir au monde sous des angles nouveaux et inhabituels.

Êtes-vous perfectionniste ?

N'importe quelle âme raisonnable sait que personne n'est parfait, n'est-ce pas ? Faux ! Il y a des irréductibles parmi nous qui revendiquent la perfection, certains qu'une telle félicité est parfaitement atteignable. Les perfectionnistes jouent un jeu qu'ils ne peuvent gagner. Bien entendu, chercher le meilleur n'est pas une activité négative. Elle devient un problème quand elle tend nos relations avec les autres et qu'elle nous laisse à terre, exsangues.

Les études montrent que ces « éternels insatisfaits » sont des individus compulsifs qui s'empêtrent dans les détails. Ils souffrent de ce que la psychanalyste Karen Horney a appelé « la tyrannie du je devrais ».

TEST

Avez-vous des tendances au perfectionnisme. Le quiz suivant devrait le préciser.

1. **Quand je termine une mission professionnelle ardue, je me sens vidé.**
   a. Pas d'accord
   b. Un peu d'accord
   c. Complètement d'accord

2. **En général, si je ne peux pas faire une chose correctement, je ne la fais pas du tout.**
   a. Pas d'accord
   b. Un peu d'accord
   c. Complètement d'accord

3. **Même si je m'en tirerais sûrement, je ne pourrais pas sciemment laisser passer d'erreurs dans mon travail.**
   a. Pas d'accord
   b. Un peu d'accord
   c. Complètement d'accord

4. **Dans le bus, dans les fêtes, dans les magasins et dans les lieux publics, je me surprends à évaluer de manière critique le look, les vêtements et l'hygiène des inconnus.**
   a. Pas d'accord
   b. Un peu d'accord
   c. Complètement d'accord

5. **Je me sens honteux lorsque j'apparais faible et ridicule aux yeux des autres.**
   a. Pas d'accord
   b. Un peu d'accord
   c. Complètement d'accord

6. **Mes parents étaient difficiles à satisfaire et généralement très critiques à mon égard.**
   a. Pas d'accord
   b. Un peu d'accord
   c. Complètement d'accord

7. **Je ne suis pas satisfait si j'ai juste fait un travail moyen.**
   a. Pas d'accord
   b. Un peu d'accord
   c. Complètement d'accord

8. **Quand j'étais étudiant, je n'étais jamais content de mes notes.**
   a. Pas d'accord
   b. Un peu d'accord
   c. Complètement d'accord

9. **Je suis du genre obsessionnel ; j'aime être impeccable, minutieux et organisé.**
   a. Pas d'accord
   b. Un peu d'accord
   c. Complètement d'accord

10. **Je me sens généralement mal à l'aise à l'idée de révéler mes défauts, même à des amis proches ou des parents.**
   a. Pas d'accord
   b. Un peu d'accord
   c. Complètement d'accord

11. **Si je voyais une photo accrochée de travers à un mur, j'éprouverais le besoin irrépressible de la redresser.**
   a. Pas d'accord
   b. Un peu d'accord
   c. Complètement d'accord

12. **Ça m'ennuierait de repousser un travail que j'ai déjà commencé.**
   a. Pas d'accord
   b. Un peu d'accord
   c. Complètement d'accord

RÉSULTAT

Attribuez-vous 1 point pour chaque réponse « a », 2 points pour chaque « b » et 3 pour chaque « c ».

De 12 à 19 points : *Vous êtes plutôt relax et n'êtes généralement pas travaillé par des tendances perfectionnistes.*

De 20 à 28 points : *Votre désir de perfection reste dans la moyenne raisonnable ; vous n'êtes pas tout à fait détendu mais vous n'êtes pas non plus toujours à cheval sur les détails.*

De 29 à 36 points : *Vous courez constamment après la perfection et êtes souvent perturbé lorsque les choses ne sont pas exactement comme vous les avez imaginées. Votre perfectionnisme peut mettre les autres mal à l'aise.*

Le docteur David D. Burns fait autorité en la matière. Dans son travail, développé au sein de l'école de médecine de l'université de Pennsylvanie (Philadelphie), Burns a trouvé que les perfectionnistes usaient d'un mode de pensée « exclusif », sur le mode du « tout ou rien » : ils sont incapables de réajuster leurs standards de performance quand bien même ils auraient toute latitude pour le faire. Ils ont des difficultés pour savourer le fruit de leur travail (ou celui des autres) ; seuls les résultats sans défaut comptent. Les perfectionnistes vivent souvent selon le credo : « On n'a rien sans rien. » Cette attitude implacable fait d'eux les caricatures de ces fameux « empêcheurs de tourner en rond ».

La vérité est que ce perfectionnisme n'est que la projection de la manière dont se ressentent eux-mêmes ces individus : incomplets, imparfaits et cible légitime de toute critique. Une intéressante constatation montre que toute cette quête de perfection ne mène pas ses adeptes plus loin que le commun des mortels ; souvent, ces personnes qui ne se satisfont de rien en paient le prix tant mentalement qu'émotionnellement.

Voici quelques explications approfondies sur ces tendances perfectionnistes.

1. Les perfectionnistes ressentent souvent une sorte de descente émotionnelle après avoir dépensé une grande quantité d'énergie dans un projet.

2. Les gens qui courent après la perfection supportent mal l'échec. Et le plus souvent, ils ne tentent même pas l'expérience si celle-ci peut être bâclée par n'importe qui d'autre.

3. Les perfectionnistes sont profondément préoccupés par les imperfections dans leur travail. Ils passent souvent énormément de temps supplémentaire à chasser la moindre erreur avant de rendre leur copie.

4. Les individus qui s'imposent à eux-mêmes des standards draconiens jugent souvent les autres à l'aune de cette échelle de valeurs et les voient d'un œil très critique.

5. Aussi durs soient-ils avec eux-mêmes, les perfectionnistes sont très sensibles à l'évaluation des autres.

6. Les parents très exigeants qui ne tolèrent pas la moindre déviation à leurs principes engendrent généralement des personnalités perfectionnistes.

7. Les perfectionnistes ont du mal à accepter que leur travail soit juste dans la moyenne.

8. Adultes, les perfectionnistes estiment souvent qu'ils auraient pu faire beaucoup mieux durant leurs années scolaires.

9. Une personnalité obsessionnelle-compulsive est un des composants du perfectionnisme.

10. Ceux qui s'acharnent à être parfaits trouvent extrêmement difficile de révéler leurs faiblesses aux autres.

11. Les personnes perfectionnistes sont mal à l'aise devant les choses mal ajustées ou de travers.

12. Les perfectionnistes ne se satisfont pas de fins ouvertes ou de tâches à moitié finies. Ils ont une démarche jusqu'au-boutiste et cherchent à clore tout ce qu'ils entreprennent.

Ce que vos rêves disent de vous

Sigmund Freud appelaient les rêves la « voie royale » vers l'inconscient. En tant que précurseur de l'interprétation des rêves, il les voyait comme les miroirs reflétant la réalité intérieure de chacun, même si celle-ci peut se cacher derrière le symbolisme et l'abstraction. Pour les familiers de la psychanalyse, les rêves peuvent suggérer les absurdités de nos vies, révéler les motivations derrière nos actions et nous confronter aux paradoxes de nos croyances.

Ces aventures nocturnes sont le baromètre de notre vie émotionnelle. Le plus souvent, les gens qui souffrent continuellement de rêves perturbants rencontrent des difficultés d'adaptation. Si vous n'avez pas prêté attention à vos rêves récemment, c'est peut-être le moment de comprendre ce qu'ils disent de vous.

TEST

Pour apprendre ce que votre imaginaire nocturne révèle de votre personnalité, répondez à ce quiz, adapté des travaux de R. Corriere et J. Hart.

1. **Quelquefois, je gagne en compréhension de moi-même grâce à mes rêves.**
   - ☐ Vrai
   - ☐ Faux

2. **Mes rêves sont généralement plaisants.**
   - ☐ Vrai
   - ☐ Faux

3. **Je résous parfois un problème grâce à mon rêve.**
   - ☐ Vrai
   - ☐ Faux

4. **Je peux me rappeler mes rêves au moins deux fois par semaine.**
   - ☐ Vrai
   - ☐ Faux

5. Je fais le même rêve huit ou neuf fois par an.
   - ☐ Vrai
   - ☐ Faux

6. Je fais des rêves perturbants ou des cauchemars huit ou neuf fois par an.
   - ☐ Vrai
   - ☐ Faux

7. L'arrière-goût d'un mauvais rêve me poursuit parfois pendant plusieurs heures le lendemain.
   - ☐ Vrai
   - ☐ Faux

8. Je rêve en couleurs.
   - ☐ Vrai
   - ☐ Faux

9. Deux ou trois fois par an, je pleure ou je hurle pendant mes rêves.
   - ☐ Vrai
   - ☐ Faux

10. Environ une fois par mois, je me réveille brusquement d'un rêve.
    - ☐ Vrai
    - ☐ Faux

RÉSULTAT

Accordez-vous 1 point pour chaque réponse identique.

1. *Vrai*

2. *Vrai*

3. *Vrai*

4. *Vrai*

5. *Faux*

6. *Faux*

7. *Faux*

8. *Vrai*

9. *Faux*

10. *Faux*

De 8 à 10 points : *Vos rêves indiquent que vous êtes en bonne santé et bien adapté.*

De 5 à 7 points : *Vos rêves sont parfois perturbants, mais cela n'indique pas de problème grave. Peut-être essayez-vous de résoudre un dilemme pendant votre sommeil, ou êtes-vous préoccupé par une tâche prévue pour le lendemain. Par exemple, un cauchemar sur des nombres peut être le moyen que votre cerveau a trouvé pour vous rappeler que vous devez payer une facture.*

De 0 à 4 points : *Vous vous êtes battu contre une difficulté durant la journée, et parce que vous n'avez pas trouvé de solution acceptable, vous essayez de résoudre le problème durant votre sommeil. Si vos rêves sont particulièrement bouleversants, essayez de vous vider la tête avant d'aller au lit.*

Les scientifiques ont commencé à s'intéresser aux rêves dès la seconde moitié du XIXe siècle. En 1900, Freud introduisit sa théorie selon laquelle les rêves sont la clé de l'inconscient. Ses thèses révolutionnèrent le monde de la psychologie. Freud a tenté de démêler les racines des névroses de ses patients en analysant leurs rêves. Jusqu'en 1953, peu d'études scientifiques se penchèrent sur les songes. C'est alors que Nathaniel Kleitman et son élève Eugene Aserinsky (université de Chicago) découvrirent que les mouvements oculaires rapides (MOR) d'une personne endormie indiquent qu'il est train de rêver. Depuis, nombre de cliniques du sommeil ont fleuri à travers le globe.

Il est difficile de déterminer ce que signifient nos rêves car ils sont symboliques, et nous ne nous rappelons souvent que d'une partie. Mais il y a certains marqueurs qui tendent à avoir une signification générale, et si vous savez comment les repérer, ils peuvent vous aider à interpréter vos songes.

1. *Vrai.* Les rêves présentent souvent une chance de comprendre nos sentiments profonds concernant quelque chose qui, à l'état de veille, nous reste caché.

2. *Vrai.* De bonnes sensations durant un rêve indiquent généralement que vous êtes heureux.

3. *Vrai.* La résolution d'un problème grâce au rêve est souvent l'apanage des penseurs productifs qui continuent de creuser une difficulté même durant leur sommeil.

4. *Vrai.* En général, ceux qui peuvent se rappeler une partie de leur rêve tendent à avoir une personnalité plus saine que ceux qui ne le peuvent pas.

5. *Faux.* Un rêve récurrent est un signe que le rêveur se bat avec un problème humiliant ou un conflit et ne parvient pas à le résoudre.

6. *Faux.* Les rêves qui produisent des émotions fortes reflètent généralement les peurs et les insécurités du dormeur (bien que certains mauvais rêves puissent résulter d'une vision perturbante glanée à la télévision).

7. *Faux.* Les restes d'un rêve qui perdurent durant le jour indiquent que le dormeur a des sentiments qui ne sont pas en adéquation avec sa personnalité.

8. *Vrai.* La tendance à rêver en couleurs suggère que le dormeur a de riches capacités créatives.

9. *Faux.* Rêves calmes et sommeil profond ont toujours été associés à une bonne santé mentale.

10. *Faux.* Freud apprit que lorsque nous nous éveillons brutalement d'un rêve, c'est à cause de notre « censure du rêve » interne alors incapable de déguiser son véritable sens, à savoir un désir antisocial.

Comment réagiriez-vous face à la catastrophe ?

Il semble que la race humaine ait hérité de l'adversité comme condition à sa survie. Le 11 septembre 2001 à 8 h 45 du matin, une attaque terroriste de grande envergure frappa les tours jumelles du World Trade Center, à New York, et plongea la nation américaine dans une angoisse soudaine. Quelque 3 333 vies furent emportées et des centaines de personnes blessées. Le monde venait de faire face aux ravages de la fureur terroriste. Comment avons-nous affronté cela ?

Les études sur les comportements en temps de crise ne sont pas rares, mais une enquête menée il y a quelque temps a révélé certains éléments inhabituels. Près de 3 333 victimes de plus de 25 événements catastrophiques – incluant les bombardements atomiques de Nagasaki et Hiroshima – ont été interrogées par la Federal Civil Defense Administration (« Administration Fédérale de la Défense Civile » ou FCDA) et le Disaster Research Group of the National Academy of Science (« Groupe de recherche sur les désastres de l'Académie Nationale des sciences »). Les survivants furent questionnés sur leur comportement durant ces crises et leurs réponses furent quelquefois assez surprenantes.

TEST

Le quiz suivant est basé sur l'étude mentionnée ci-dessus. Pouvez-vous prédire le comportement des gens lorsque frappe la catastrophe ?

1. **Une réaction de panique générale est probable.**
   - ☐ Vrai
   - ☐ Faux

2. **Des disputes surgiront pour savoir qui aura le rôle de chef.**
   - ☐ Vrai
   - ☐ Faux

3. **L'on assistera à une vague de crimes, notamment des pillages, agressions et vols isolés.**
   - ☐ Vrai
   - ☐ Faux

4. Un nombre important de personnes craquera mentalement et émotionnellement, et sera incapable de réagir.
   - ☐ Vrai
   - ☐ Faux

5. Les effets secondaires psychologiques dureront des années, voire toute la vie.
   - ☐ Vrai
   - ☐ Faux

6. Les gens réagissent généralement par une dépression ou un désespoir incapacitant.
   - ☐ Vrai
   - ☐ Faux

7. Des problèmes pour contrôler la foule surviendront lorsque les gens fuiront les lieux du drame.
   - ☐ Vrai
   - ☐ Faux

8. Les victimes réagissent ordinairement en devenant plus intéressées par eux-mêmes que par les autres.
   - ☐ Vrai
   - ☐ Faux

9. Les gens ont tendance à réagir plus rapidement à un avertissement leur annonçant que leur vie est menacée par un danger imminent.
   - ☐ Vrai
   - ☐ Faux

10. Il y a beaucoup de désorientation, de chaos et d'afflictions physiques, et tous persistent durant la période de stress.
    - ☐ Vrai
    - ☐ Faux

RÉSULTAT

Accordez-vous 1 point pour chaque réponse « Faux ».

La plupart des gens répondent correctement à 3 ou 4 questions. Si vous atteignez 6 (ou plus) bonnes réponses, vous avez une conscience de la réaction humaine en temps de crise au-dessus de la moyenne.

Il est difficile pour qui que ce soit de prédire sa réaction, ou celle des autres, face à la catastrophe. Voici une explication point par point de ce quiz. Toutes les propositions sont fausses.

1. La FCDA a constaté que la panique de masse n'est pas une réponse typique au désastre. Si le bouleversement émotionnel est certain, il se focalise généralement sur la nécessité de retrouver ses proches et non sur la catastrophe elle-même. Les enfants arrachés aux bras de leur mère durant les bombardements de la Seconde Guerre mondiale en Angleterre souffrirent psychologiquement plus de cette séparation que des bombardements eux-mêmes.

2. Les groupes ne restent pas sans leader très longtemps. Notre première tendance est de rétablir un semblant d'autorité. Si personne ne sort naturellement du lot, il se trouvera toujours quelqu'un pour assumer le rôle bon gré mal gré.

3. Bien que la catastrophe favorise des poussées antisociales ou criminelles isolées, elles sont bien plus rares et limitées dans le temps qu'on le suppose généralement.

4. Les comportements mal adaptés ou d'abandon émotionnel sont bien moins fréquents qu'on ne l'imagine. Lorsqu'ils surviennent, ils disparaissent rapidement et pour la plupart, les survivants sont dociles et sensibles aux besoins des autres.

5. Il est courant de sous-estimer la faculté de résilience des gens qui ont vécu une grande et soudaine tragédie. Bien que certains développent le « syndrome du survivant » – culpabilité d'avoir survécu face à ceux qui sont morts – la majorité des personnes retourneront à une vie normale après un laps de temps raisonnable.

6. L'étude de la FCDA a montré que la dépression et le désespoir, bien que présents parmi les survivants d'une catastrophe, n'empêchent pas les victimes de remplir leurs tâches.

7. Contrairement aux idées reçues, le réflexe de quitter une zone de désastre est moins prononcé que celui de converger vers les lieux. Les participants à cette « action de convergence » sont typiquement ceux qui cherchent des proches, ceux qui veulent aider... et les simples curieux.

8. La conséquence la plus nette d'une catastrophe est souvent la solidarité sociale. Partager un même danger de mort entraîne la rupture des barrières sociales et libère les actes spontanés de générosité et d'entraide.

9. Malheureusement, les gens sont généralement réticents à toute forme d'avertissement. Ils tendent à rejeter la gravité de la situation à moins qu'ils aient déjà goûté de près ou de loin au danger encouru. On estime qu'environ 25 % de la population répondrait favorablement à ces messages d'alerte dans les 15 à 30 minutes.

10. Bien que la plupart des personnes qui vivent une catastrophe souffrent de certains troubles passagers (nausées, diarrhée, tremblements...), ces réactions émotionnelles n'empêchent pas de répondre de manière réaliste à l'événement. En fait, nombre de sauvetages sur les lieux d'un désastre sont réalisés par les survivants eux-mêmes.

Êtes-vous un électeur impartial ?

Vous avez probablement un assez bon jugement sur vos opinions politiques, mais êtes-vous sûr d'être bien préparé pour les prochaines élections ? Les véritables motivations des électeurs valent leur pesant d'or. Les études montrent que les gens ont des raisons plus ou moins excentriques de choisir tel ou tel candidat. Un politicien est moins souvent évalué pour ses compétences professionnelles que nous le croyons. Et certains sont mêmes élus par défaut, car ils apparaissent finalement comme les moins incompétents du lot.

TEST

Pour voir si vous êtes véritablement conforme à vos certitudes politiques, remplissez ce quiz.

1. **Une personne venue des affaires ferait du bon boulot en parcourant le pays.**
   - ☐ Vrai
   - ☐ Faux

2. **C'est mieux de voter pour quelqu'un qui est déjà à l'aise financièrement, comme ça, il ne sera pas tenté de s'en mettre plein les poches.**
   - ☐ Vrai
   - ☐ Faux

3. **Si quelqu'un de moins privilégié était élu, il lui faudrait sans doute plus de temps pour s'acclimater aux hautes sphères.**
   - ☐ Vrai
   - ☐ Faux

4. **L'enfant d'un banquier ou d'un médecin serait probablement un meilleur président qu'un enfant d'ouvrier.**
   - ☐ Vrai
   - ☐ Faux

5. Seuls les individus hautement instruits sont taillés pour la tâche suprême de diriger un pays.
   - ☐ Vrai
   - ☐ Faux

6. Le gouvernement serait probablement une institution plus honnête si plus d'élus de la classe laborieuse y participaient.
   - ☐ Vrai
   - ☐ Faux

7. Le pays est mieux dirigé par des personnes issues de grandes familles politiques.
   - ☐ Vrai
   - ☐ Faux

8. Il n'est pas nécessaire pour un président de maîtriser tous les domaines, parce qu'il est entouré par des experts.
   - ☐ Vrai
   - ☐ Faux

9. Nos meilleures écoles attirent forcément les meilleurs élèves, et les diplômés de ces institutions font alors les meilleurs politiciens.
   - ☐ Vrai
   - ☐ Faux

10. Nous avons besoin de plus de gens ordinaires dans la classe politique ; des personnes qui ont vécu de la même manière que la plupart d'entre nous.
    - ☐ Vrai
    - ☐ Faux

RÉSULTAT

Accordez-vous 1 point pour chaque réponse identique.

1. *Vrai*

2. *Vrai*

3. *Vrai*

4. *Vrai*

5. *Vrai*

6. *Faux*

7. *Vrai*

8. *Vrai*

9. *Vrai*

10. *Faux*

Le quiz évalue nos positions politiques en testant notre niveau de « déférence sociale ». Le plus souvent, les votants choisissent les candidats qui semblent supérieurs, notamment s'ils sont mieux informés sur le monde et forts d'une aisance financière sécurisante. Cette impression que le candidat est, d'une manière ou d'une autre, « meilleur » que l'électeur pousse le votant à lui offrir toute sa confiance.

De 8 à 10 points : *Vous faites preuve d'un haut niveau de déférence sociale.*

De 5 à 7 points : *Votre niveau est modéré.*

De 0 à 4 points : *Votre niveau est bas.*

La classe sociale d'un candidat a une influence étonnante. Certains analystes politiques ont avancé l'hypothèse que les présidents Franklin D. Roosevelt et John F. Kennedy avaient été élus grâce à l'image qu'ils renvoyaient d'une classe supérieure, aisée, saine et ouverte. Cette déférence sociale fut un facteur plus important hier qu'elle ne l'est aujourd'hui, mais elle prévaut toujours aux États-Unis et, dans une large mesure, dans les autres parties du monde.

Bien entendu, l'héritage social d'un candidat ne suffit pas à déterminer sa capacité à gouverner. La classe sociale n'a rien à voir avec la compétence, et c'est un risque d'accepter qu'elles vont de pair. Consciemment ou non, les électeurs sont trop souvent influencés par la position sociale du candidat, plutôt que par sa carrure politique.

La manière dont un citoyen fixe son vote reflète ses conditions de vie. Une personne malheureuse, financièrement étranglée ou d'un niveau économique bas montrera plus de déférence sociale. Selon Murray Edelman, professeur émérite de sciences politiques à l'université du Wisconsin, à Madison, les personnes qui manquent de rôles stables et gratifiants dans la vie sont spécialement exposés à la persuasion. Ils seront plus volontiers à la recherche d'un candidat rassurant pour répondre à leurs besoins. En comparant les leaders potentiels, ils choisiront le plus solidement établi : niveau de vie élevé, finances confortables et assise familiale solide.

CHAPITRE 8

Votre bien-être émotionnel

Êtes-vous connecté à la vie ?

Les sociologues appellent ça l'« aliénation », un sentiment qui vous fait vous sentir hors du monde. Un puissant cynisme qui fait que l'on se sent pessimiste et en rupture de confiance avec les autres. Les personnes qui se sentent aliénées ne se voient pas comme parties intégrantes de la société. Comme Scrooge, le personnage de Dickens, ils se retirent et deviennent d'amers ermites sociaux. Souvent, ils se déconnectent grâce à l'alcool, les drogues et les fantasmes ; pour eux, ces échappatoires sont des anesthésiants contre les rigueurs de la vie.

Une enquête a montré que l'une des six raisons majeures poussant les adolescents vers la boisson est la faculté d'échapper à leurs problèmes. Ces jeunes gens viennent souvent de cadres familiaux autoritaires mais pauvres en affection. Souvent, les parents de ces adolescents se sentent coupés eux-mêmes des autres par un manque de réussite sociale ou professionnelle.

Les personnes qui bougent fréquemment peuvent aussi développer des sentiments d'exclusion. Une récente étude portant sur les enfants de 4e du personnel de l'U.S. Air Force a constaté que ces enfants déracinés nourrissaient un sens profond de l'isolement et se sentaient différents des autres enfants géographiquement plus stables. L'enfant mobile a une estime de soi plus basse et tend à s'identifier plus aux adultes qu'à ses pairs.

Si vous n'avez jamais vraiment ressenti un sentiment d'unité complète avec l'humanité, vous n'êtes pas seul. Bien peu l'ont ressenti. Mais le quiz suivant devrait jeter une lumière sur votre degré d'aliénation.

TEST

Le quiz est extrait du travail de John Ray de l'université de Nouvelle-Galles du Sud (Sydney, Australie), qui a étudié l'aliénation chez des personnes de tous horizons.

1. **De nos jours, on ne peut pas vraiment savoir sur qui on peut compter.**
   - ☐ Vrai
   - ☐ Faux

2. **La nature humaine est fondamentalement coopérative.**
   - ☐ Vrai
   - ☐ Faux

3. **En dépit de ce que peuvent dire les gens, le sort de l'humanité empire.**
   - ☐ Vrai
   - ☐ Faux

4. **La plupart des fonctionnaires ne s'intéressent pas réellement aux problèmes du petit peuple.**
   - ☐ Vrai
   - ☐ Faux

5. **Il est difficile pour des gens comme moi d'avoir la moindre influence sur les affaires publiques.**
   - ☐ Vrai
   - ☐ Faux

6. La vie est difficile et pleine de dangers ; les probabilités de réussite et d'accomplissement sont largement une question de chance.
   - ☐ Vrai
   - ☐ Faux

7. Quand on y pense vraiment, personne ne se soucie beaucoup de ce qui peut vous arriver.
   - ☐ Vrai
   - ☐ Faux

8. Dans cette société, la plupart des gens peuvent trouver matière à contentement.
   - ☐ Vrai
   - ☐ Faux

9. Il y a plus de problèmes rationnels qu'irrationnels dans le monde.
   - ☐ Vrai
   - ☐ Faux

10. Au vu de tout ce qui se passe de nos jours, les choses ne s'annoncent pas si mal pour les nouvelles générations.
   - ☐ Vrai
   - ☐ Faux

RÉSULTAT

Accordez-vous 1 point pour chaque réponse identique.

1. *Vrai*

2. *Faux*

3. *Vrai*

4. *Vrai*

5. *Vrai*

6. *Vrai*

7. *Vrai*

8. *Faux*

9. *Faux*

10. *Faux*

8 points et plus : ***Vous êtes plus cynique et détaché du monde que la majorité des gens. Vous regardez les autres avec méfiance et préférez régler votre ligne de conduite selon vos propres standards que sur ceux des autres. Vous devriez réexaminer votre approche de la vie, seul ou avec l'aide d'un conseiller.***

De 4 à 7 points : ***Vous montrez un degré moyen d'identification avec les autres. Vous vous sentez suffisamment de connexions avec le monde qui vous entoure pour vous rendre heureux et faire de vous un membre à part entière de la société.***

3 points et moins : ***Vous êtes très traditionnel dans vos valeurs et manière d'être et ne vous aventurez pas hors des sentiers battus. Vous êtes foncièrement optimiste à propos de la vie et retirez une vraie sérénité à vous conformer aux normes édictées par votre groupe social.***

Pourquoi les gens se détachent-ils du monde ? B. F. Skinner, célèbre psychologue de Harvard (Cambridge, Massachusetts), fondateur du béhaviorisme moderne, voyait l'aliénation comme une perte de foi. Il voyait dans ce désespoir ultime l'expression profonde du doute et de l'impuissance face au sentiment de ne rien pouvoir changer à sa destinée. « Il leur manque quelque chose en lequel croire ou auquel se dévouer… ces réactions paralysent les hommes de bonne volonté », affirma Skinner.

Personne ne sait réellement comment une dynamique d'aliénation commence. Certains disent qu'elle est une dérive sociale, et que nous ne faisons qu'absorber la misanthropie des autres. Les freudiens affirment que le cynisme prend racine tôt dans la vie, probablement avant l'âge de 3 ans, dans une période de frustration des besoins oraux. Mais quelles qu'en soient les causes, si on a la profonde volonté de changer, le cynisme peut souvent être renversé.

Les jeunes personnes qui rejoignent des groupes sectaires sont souvent vues comme des victimes typiques de cette aliénation. Ces individus croient fermement que la société ne peut pas répondre à leur besoin de sécurité. Ils se voient eux-mêmes comme différents de ceux qui mènent une vie normale. Mais de telles personnes espèrent généralement trop de ces groupes qu'ils ont rejoints et reviennent souvent sur la voie de la société conventionnelle.

Êtes-vous prêt pour une psychothérapie ?

Sur le seul territoire des États-Unis, on estime à 30 millions par an le nombre de personnes souffrant d'une quelconque forme de maladie mentale ; et beaucoup ne cherchent pas d'aide. Ces millions d'êtres qui ne reçoivent aucune attention sont souvent victimes de leur propre méfiance à l'égard de la psychothérapie. Une des raisons à cette hésitation est une méconnaissance de la pratique et de ce qu'elle implique. Mais une grande part de cette réticence vient d'attitudes plus profondes associées à la honte, la peur et à l'image sociale négative qu'ils ressentiraient en devenant un patient. Toutes ces notions freinent de nombreuses personnes nécessitant une prise en charge adaptée.

TEST

Vous engageriez-vous dans une thérapie si on vous invitait à le faire pour votre bien ? Plus important encore, êtes-vous suffisamment ouvert et disposé pour accueillir pleinement ses bénéfices ? Pour le savoir, répondez à ce quiz basé sur les travaux des psychologues E. Fischer et J. Le B. Turner.

1. **Je ne voterais probablement pas pour quelqu'un qui s'est battu contre un problème émotionnel par le passé.**
   - ☐ Vrai
   - ☐ Faux

2. **Se bâtir un caractère fort est le meilleur moyen de lutter contre la maladie mentale.**
   - ☐ Vrai
   - ☐ Faux

3. **Comme beaucoup d'autres choses, les difficultés émotionnelles finissent par se résorber d'elles-mêmes.**
   - ☐ Vrai
   - ☐ Faux

4. Quand on est aidé, il faut être prudent et éviter le mauvais conseil.
   - ☐ Vrai
   - ☐ Faux

5. Se noyer dans le travail ou autres activités est le meilleur remède pour éviter les ennuis.
   - ☐ Vrai
   - ☐ Faux

6. Avoir été un patient en psychiatrie entache sérieusement la vie d'une personne.
   - ☐ Vrai
   - ☐ Faux

7. Je verrai un psychothérapeute seulement après avoir longuement essayé de régler mes problèmes par moi-même.
   - ☐ Vrai
   - ☐ Faux

8. Il vaut probablement mieux ne pas tout savoir sur soi.
   - ☐ Vrai
   - ☐ Faux

9. Comparé à mes amis, je suis une personne très renfermée.
   - ☐ Vrai
   - ☐ Faux

10. Les gens qui vont voir un psychothérapeute auraient pu s'en sortir seuls s'ils avaient fait plus d'efforts.
   - ☐ Vrai
   - ☐ Faux

RÉSULTAT

Accordez-vous 1 point pour chaque réponse « Vrai ».

6 points et plus : *Vous êtes apparemment résistant à la thérapie. Plus votre score approche de 10, plus grande est votre réticence.*

5 points et moins : *Vous seriez ouvert à la thérapie si le besoin s'en faisait sentir.*
Les recherches montrent que les femmes tendent à être plus ouvertes à la psychothérapie que les hommes. Cela renvoie probablement au conditionnement social ; les hommes se sentent obligés de porter haut l'image de leur indépendance et tendent ainsi à renoncer à demander de l'aide.

1. *Faux.* Ceux qui croient qu'une crise émotionnelle a des effets durables sur la raison de quelqu'un ont également des difficultés à croire que l'on peut retrouver sa stabilité après une telle crise. Ces gens-là sont généralement de piètres prospects pour les psychothérapeutes.
2. *Faux.* Le caractère a bien peu à voir avec la santé mentale. Ceux qui le pensent peuvent un jour souffrir inutilement à cause de cette attitude, ce qui est regrettable.
3. *Faux.* Le plus souvent, un trouble mental sérieux ne peut qu'empirer avec le temps.
4. *Faux.* Un mauvais conseil peut être préjudiciable, mais le thérapeute compétent minimisera le danger d'une telle possibilité.
5. *Faux.* C'est un vœu pieu de croire que les distractions, un travail prenant ou une histoire d'amour intense mèneront à la résolution d'une crise personnelle.
6. *Faux.* Les personnages montrant une attitude négative à l'égard de la psychothérapie utilisent souvent l'excuse de la stigmatisation sociale de la maladie mentale pour éviter tout traitement.
7. *Faux.* La procrastination reflète souvent une peur ou une résistance à vouloir changer. Ceux qui en souffrent abandonnent leur thérapie trop tôt pour être efficacement aidés.
8. *Faux.* Ceux qui ne sont pas réceptifs à l'introspection ne tireront aucun bénéfice d'une thérapie.

9. *Faux.* Les études confirment que ceux qui n'éprouvent pas de malaise à se révéler ont toutes les chances de tirer le meilleur parti d'une psychothérapie.

10. *Faux.* Essayer à tout prix de se soigner soi-même n'est pas suffisant pour résoudre de sérieux problèmes émotionnels. Cette vaine dynamique fournit simplement à la personne réticente une autre bonne raison de ne pas franchir le pas.

Quel que soit votre score, gardez à l'esprit que si votre motivation à vous aider est pleine et entière, vos chances de résoudre vos problèmes seront grandement accrues.

Pouvez-vous repérer les signes d'un alcoolisme rampant ?

Le « Conseil américain sur l'alcoolisme » (American Council on Alcoholism) à Alexandria (Virginie) rapporte que 10 % de la population du pays (environ 20 millions de personnes) a un problème sérieux avec l'alcool. En plus d'être une véritable plaie pour la santé mentale, la boisson peut mener à des maladies telles que le diabète, l'hypertension ou la cirrhose. Si vous avez noté des modifications dans votre manière de boire récemment, observez-les avec attention ; vous pourriez être un bon candidat pour une addiction.

TEST

Pour vérifier si vos habitudes en termes de boisson ont une dimension problématique, répondez à ce quiz.

1. **Je bois un verre avant d'aller à une fête où je sais que l'on sert de l'alcool.**
   - ☐ Vrai
   - ☐ Faux

2. **Je bois quand j'ai le cafard.**
   - ☐ Vrai
   - ☐ Faux

3. **Je bois avant et après un événement stressant.**
   - ☐ Vrai
   - ☐ Faux

4. **J'ai tendance à boire plus que mes amis.**
   - ☐ Vrai
   - ☐ Faux

5. **Je prends trois verres par jour, même quand je suis seul.**
   - ☐ Vrai
   - ☐ Faux

6. Je picole occasionnellement le matin avant d'aller en cours ou au travail.
   - ☐ Vrai
   - ☐ Faux

7. Je lève le coude pour me calmer les nerfs.
   - ☐ Vrai
   - ☐ Faux

8. Je ne fais qu'une gorgée de mes verres.
   - ☐ Vrai
   - ☐ Faux

9. Je sens la nécessité de prendre un verre ou deux à certains moments, comme avant le déjeuner, au dîner ou après le boulot.
   - ☐ Vrai
   - ☐ Faux

10. Je me soûle au point de me trouver mal.
    - ☐ Vrai
    - ☐ Faux

RÉSULTAT

Accordez-vous 1 pour chaque réponse « Vrai ».

5 points et plus : *Vous semblez être en train de développer des problèmes d'alcool. Prenez immédiatement des mesures afin de stopper cette dynamique et échapper à l'addiction. Vous devriez envisager de parler à un ami de confiance ou à un thérapeute.*

4 points et moins : *Votre pratique de l'alcool semble être sous contrôle. Si vous pensez qu'un ami ou une personne que vous aimez pourrait tomber dans la catégorie précédente, vous devriez lui en toucher un mot et l'amener à modifier ses habitudes.*

Les responsables de la Fondation Menninger pour la psychiatrie (Topeka, Kansas) pensent que la plupart des alcooliques souffrent de troubles mentaux non diagnostiqués et boivent pour soulager ou enterrer ces problèmes. De surcroît, les alcooliques ont la triste faculté d'affecter profondément le cercle familial. Chaque alcoolodépendant exerce une influence néfaste sur environ 6 personnes de son entourage, portant le nombre total d'individus consommant de l'alcool à 120 millions.

L'alcoolisme coûte à l'économie américaine quelque 50 milliards de dollars par an, sans compter les souffrances humaines qu'il implique. L'addiction à l'alcool se retrouve partout dans le monde. Selon un rapport de l'Organisation mondiale de la santé, près de 4 % des décès dans le monde sont liés à l'alcool. L'alcool est en fait le troisième plus grand facteur de risque d'être atteint de maladie, le second en Europe.

L'organisation MADD (Mothers Against Drunk Driving, « Les mères contre l'alcool au volant ») a probablement fait plus pour médiatiser le fléau de l'alcool durant ces trente dernières années que n'importe quel groupe civique. Ses campagnes sont d'abord destinées aux adolescents qui boivent et conduisent. Dans ce groupe d'âge, l'alcool est de loin la substance addictive la plus consommée, dépassant le tabac et autres drogues. Les 17-25 ans consomment proportionnellement plus de cigarettes, d'alcool et de drogues que n'importe quelle autre tranche d'âge. Résultat : cette minorité est la cible principale des trafiquants.

Quelle conscience de soi avez-vous ?

De toutes les créatures vivantes, l'homme est la seule qui ait une conscience de soi. Cette capacité à réfléchir sur soi en tant qu'objet peut être utilisée pour corriger de manière constructive un comportement défaillant. Mais, portée à certains extrêmes, la conscience de soi peut être une entrave.

Les recherches menées par P. A. Pilkonis au sein de l'université de Stanford (Californie) ont révélé deux types de conscience de soi : l'une privée, l'autre publique. La première introduit un sentiment à propos de soi généralement défavorable, tel que « je suis gros », « je suis paresseux » ou « je suis superficiel ». La conscience de soi publique reflète, elle, notre sensibilité à la manière dont les autres nous jugent. En ces temps de style et d'image, où l'accent est mis sur la forme plutôt que sur la substance, un type courant de conscience de soi s'attache d'abord à l'apparence. Au vu des milliards dépensés chaque année en vêtements et cosmétiques, elle tient la première place dans l'esprit de la plupart des gens.

TEST

Pour mesurer votre propre niveau de conscience de soi publique, suivez ce quiz.

1. **Je n'accepterais sans doute pas de chanter seul à une fête.**
   a. Pas d'accord
   b. Un peu d'accord
   c. Totalement d'accord

2. **Je me sentirais mal à l'aise si quelqu'un me regardait travailler.**
   a. Pas d'accord
   b. Un peu d'accord
   c. Totalement d'accord

3. **Ça me rend nerveux quand un inconnu se couvre de ridicule en public.**
   a. Pas d'accord
   b. Un peu d'accord
   c. Totalement d'accord

4. **Avant de sortir, je me regarde dans un miroir.**
   a. Pas d'accord
   b. Un peu d'accord
   c. Totalement d'accord

5. **Je refuserais probablement de monter sur une scène si j'étais choisi parmi un public.**
   a. Pas d'accord
   b. Un peu d'accord
   c. Totalement d'accord

6. **Je me sentirais exposé si j'arrivais en premier ou partais en dernier d'une petite fête entre amis.**
   a. Pas d'accord
   b. Un peu d'accord
   c. Totalement d'accord

7. **En public, j'aurais l'impression d'attirer l'attention si je passais plus de quelques secondes devant un miroir.**
   a. Pas d'accord
   b. Un peu d'accord
   c. Totalement d'accord

8. **Dans un bus bondé, je me sentirais embarrassé si j'offrais ma place à quelqu'un qui refuserait à haute voix.**
   a. Pas d'accord
   b. Un peu d'accord
   c. Totalement d'accord

RÉSULTAT

Attribuez-vous 1 point pour chaque réponse « a », 2 points pour chaque « b » et 3 pour chaque « c ».

De 19 à 24 points : *Vous avez une forte conscience de soi. Il est possible que vous soyez trop sensible à ce que les autres pensent de vous. Vous êtes aussi susceptible de nourrir un sentiment de rejet.*

De 12 à 18 points : *Vous êtes soucieux de la perception des autres à votre égard, mais pas au point d'ébranler votre liberté d'expression ou votre confiance.*

De 8 à 11 points : *Vous avez une conscience de soi très faible. Les individus de cette catégorie peuvent manquer de repères quant à la manière dont ils sont perçus par les autres, ou tout simplement se désintéresser de ce que pensent les gens.*

La conscience de soi, publique ou privée, commence durant l'enfance. Quand un enfant fait face à une situation qui bouscule son image de soi – comme être critiqué ou grondé pour avoir été mal élevé –, cela tend à accroître son intérêt pour tous les jugements négatifs à son encontre. Être élevé par des parents critiques entraîne généralement une conscience de soi, publique et privée, excessive. Ce trait de caractère mène souvent à l'introversion et à l'anxiété sociale.

Mais la conscience de soi publique n'est jamais aussi nocive qu'elle peut le paraître. Certaines personnes à la forte conscience publique ont une bonne image d'elles-mêmes mais n'ont, par ailleurs, aucune conscience privée. Ils peuvent être des solitaires incapables de s'engager dans une relation constructive. Abraham Lincoln, Thomas Edison et Ludwig van Beethoven furent de ces personnes connues dotées d'une forte conscience de soi publique.

Toutefois, une conscience de soi publique poussée à l'extrême peut être pratiquement paralysante. Ceux qui ont constamment leurs pensées tournées vers soi sont souvent timides, manquant d'assurance socialement et sont très sensibles à la critique. Ils évitent toute forme de compétition. Souvent, ils sont charitables à l'égard de tout le monde, à l'exception d'eux-mêmes. Le clochard esseulé immortalisé par Charlie Chaplin est l'exemple type de ce genre de caractère. Il essaye de plaire à tous ceux qu'il croise. Comme beaucoup de ceux qui sont douloureusement conscients de soi, le personnage de Charlot est une adorable personne dotée de grandes qualités. L'ennui c'est que, ni lui ni les autres ne croient vraiment en ces qualités.

Ceux qui sont les plus conscients sont souvent les plus silencieux parmi nous. Mais ils peuvent apprendre à devenir plus présents, plus affirmés. Une étude conduite par l'université de Stanford a montré que les gens silencieux qui sont invités à prendre la parole au sein d'un groupe peuvent changer la manière dont ils sont perçus. Tant qu'il gardera le silence, les membres du groupe tendront à ignorer ou minimiser sa position. Mais dès lors qu'il commencera à exprimer ses idées et opinions, l'attitude des autres changera. Nombre de personnes sont sorties des affres d'une conscience de soi publique exacerbée pour assumer finalement un rôle de leader dans leur groupe.

Êtes-vous bon pour l'infarctus ?

Un jour, un tapissier venu réparer les chaises dans la salle d'attente d'un médecin fit remarquer que les sièges étaient usés uniquement sur les bords avant. Cette observation poussa les cardiologues Meyer Friedman et Ray Rosenman, du Mount Zion Medical Center (San Francisco, Californie), à s'interroger sur les traits de caractère de leurs patients ; étaient-ils excessivement anxieux et donc penchés en avant sur leur siège, grattant le tissu ? Après plusieurs études, les deux spécialistes mirent en évidence que les personnalités de ces patients affectaient leur comportement et, naturellement, leur état de santé. Pour la première fois, ils isolèrent, définirent et nommèrent le modèle de comportement spécifique associé aux maladies cardiovasculaires, qu'ils appelèrent « type-A ». Leur livre, *A-Type Behavior and Your Heart* (« Le comportement de type-A et votre cœur »), influença durablement notre manière de réfléchir à l'impact de nos actions sur le cœur.

La personnalité de type-A a un sens maniaque de l'urgence combiné avec une conduite intensément compétitive. Le type-B, qui se trouve à l'autre bout du spectre, tend à être plus calme, plus patient et plus souple dans sa capacité d'adaptation (et en conséquence plus doux avec son cœur). Pour savoir si votre personnalité mène la vie dure à votre palpitant, répondez à ce quiz.

1. **J'ai tendance à faire les choses – manger, marcher, m'habiller… – rapidement.**
   - ☐ Vrai
   - ☐ Faux

2. **Je trouve satisfaisant de faire les choses sur un coup de tête, sans trop de réflexion.**
   - ☐ Vrai
   - ☐ Faux

3. **J'ai souvent peu de temps pour me faire coiffer ou couper les cheveux.**
   - ☐ Vrai
   - ☐ Faux

4. Je fais fréquemment face à des interruptions, des surprises ou des changements de dernière minute.
   - ☐ Vrai
   - ☐ Faux

5. Je suis impatient et parfois même en colère quand quelqu'un devant moi roule doucement.
   - ☐ Vrai
   - ☐ Faux

6. Je fais souvent plusieurs choses en même temps, comme lire en mangeant, taper à l'ordinateur en téléphonant, ou feuilleter un magazine en regardant la télé.
   - ☐ Vrai
   - ☐ Faux

7. Je déteste perdre mon temps.
   - ☐ Vrai
   - ☐ Faux

8. Généralement, j'arrive juste quelques minutes avant l'heure de départ de mon train ou de l'avion.
   - ☐ Vrai
   - ☐ Faux

9. Comparé à la plupart de mes amis, je perds mon sang-froid facilement.
   - ☐ Vrai
   - ☐ Faux

10. J'ai l'esprit de compétition.
    - ☐ Vrai
    - ☐ Faux

RÉSULTAT

Accordez-vous 1 point pour chaque réponse « Vrai ».

De 8 à 10 points : *Attention à votre cœur, vous penchez du côté du type-A.*

De 4 à 7 points : *Vous êtes dans la moyenne, bien qu'il vous arrive de vous faire des petites frayeurs à l'occasion.*

De 0 à 3 points : *Vous êtes de type-B et goûtez la vie sur un rythme paisible.*

Le type-A est un individu stressé, souvent en colère et frustré. Son sens compulsif de l'urgence le pousse à faire plus en moins de temps.

Ces personnes évaluent leur mérite en tenant un décompte. Par exemple, si notre type-A est un avocat, il se plaira à énumérer le nombre de cas qu'il a défendu durant l'année passée ; si c'est un agent immobilier, il affichera le nombre de maisons vendues ; et si c'est un jardinier, combien de pelouses il a tondu.

Précisons tout de même que la plupart des grands entrepreneurs de ce monde sont des type-A. Selon les résultats de Meyer Friedman, ils réussissent en dépit de leur stress autoalimenté. Toutefois, il existe quelques type-B, calmes et posés, qui ont accédé à la réussite : Abraham Lincoln, Ronald Reagan ou Jimmy Carter.

Sur un plan physique, les type-A mènent la vie dure à leur système cardiaque. Ils tendent à transformer le cholestérol plus lentement que les type-B, ce qui les expose plus facilement à l'obstruction des artères. Il semble qu'il y ait un facteur génétique, bien que les B montrent les mêmes comportements et symptômes que leur alter ego quand ils sont soumis à une dose massive de stress.

Étant entendu qu'il est plus risqué de vivre une existence de type-A que de type-B, il y a des moyens pour un A d'adopter les caractéristiques d'un B. En apprenant à se relaxer, à manger sainement et équilibré et en se fixant des objectifs de vie réalistes, nombre de type-A ont surmonté avec succès leurs tendances naturelles et se sont protégés contre les maladies cardiovasculaires.

Département éditorial « Art de vie »
Achevé d'imprimer en janvier 2013
sur les presses de Normandie Roto Impression S.A.S., à Lonrai
N° d'impression : 125094
Dépôt légal : février 2013
Imprimé en France